文庫

突撃！はしご呑み

築地・立ち飲み・おでん編

ラズウェル細木

実業之日本社

まえがき

人はなぜ河岸を変えるのか？

ちょいと飲んでは、次から次へと河岸を変える「はしご酒」、それは呑兵衛にとって至福の飲み方であります。

一軒の店に腰を据えて飲むよりも、おそらく高くつくことになるかもしれませんが、それでもついやりたくなってしまうのが「はしご酒」なのであります。

何がいいって、店を変えるたびに飲み始めの高揚感を味わえること。酒やつまみもさることながら、眺める店の中の景色や匂い、あるいは音楽まで変わることによって、メリハリがついて、またいっそう飲酒への欲求が高まります。

そんな魅力的な「はしご酒」ですが、私の理想とするいくつかの鉄則があります。

まずは「長居をしない」。長く居れば居るほど腰が重くなります。

次に「一軒ごとに酒の種類を変える」。その都度より新鮮な気持ちで再スタートできます。

さらに「その店の看板メニューをたのむ」。あれもこれも頼んでは時間も予算もかかります。これはという1品か2品で次へいきましょう。

そして「歩行圏内で終始する」。目指すのがどんなにいい店であっても、移動に時間がかかってはリズムが崩れテンションが下がってしまいます。同じ街で飲み歩くのが望ましいスタイルです。

ところで、複数の店を飲み歩くことを、なぜ「はしご酒」というのでしょうか？

店を移っていくのは、義経《よしつね》の八艘飛《はっそうと》びのごとく水平方向の移動であります。しかし、「はしご」という垂直方向の移動をイメージさせる言葉が使われています。

もしかすると、これは移動するごとに高まっていく気分や酒酔い状態のことを表しているのかもしれません。だとしたら実に上手い表現です。

しかし、気をつけねばなりません。高いところから降りるのは細心の注意が必要ですから。はしごを踏み外すと、悪酔いや二日酔いのどん底にまっさかさま…くわばらくわばら。

なんてことを踏まえつつ、本日もいざ「はしご酒」に出動しようじゃあ〜りませんか。

ラズウェル細木

突撃！はしご呑み

御品書《もくじ》き

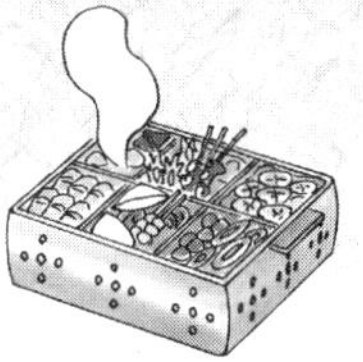

〈おことわり〉

本書は、2010年4月から2012年7月に取材した内容を元に構成しています。掲載されている価格、消費税率、名称等は、取材時のものです。現在は変更されている可能性があります。

本書は、マンサンコミックス『突撃！はしご呑み』（2013年4月刊）に加筆・修正の上、文庫化したものです。

突撃!
はしご呑《の》み

築地・立ち飲み・おでん編

Roswell Hosoki
ラズウェル細木

立ち飲み双紙

最近立ち飲みおよび立ち飲み屋がかつてない大ブームのようであります
立ち飲みとは読んで字の如し
立ったまま酒類を飲むことでありますが
長らく立ち飲みにはある種独特の雰囲気がつきまとっておりました
たとえばオヤジ臭いとか
飲んだくれとか
あまり品のいいものではない
ネガティブなイメージであります
典型的なのが
町の酒屋の店頭での立ち飲み
山田酒店
コップ酒に
缶詰魚肉ソーセージなどのつまみ
昼間っからオヤジが赤い顔をして

店と道の境い目で酔っぱらっている光景は
うへへへへ~
たしかに品がいいとはお世辞にも申せません
私が思うにこの酒文化は
しかし現在町の酒屋の減少とともにこうした店頭立ち飲みはほとんど絶滅状態にあるようです
きまって店主は不キゲン
立ち飲み3杯まで
今やなつかしの光景
酒の小売りが測り売りだった時代に
家まで待てない呑兵衛な客がその場で飲んだのが始まりではないでしょうか
しかしこのムードはオヤジ系の
立ち飲み居酒屋にも流れていて
昭和の立ち飲み文化はまだまだ健在のようです
しかし最近……
立ち飲みおよび立ち飲み屋に
新たな流れが生まれつつあるようです
この頃若い人たちが仲間と一緒に楽しげに立ち飲みをしている光景をよく見かけます

これまでチューハイやホッピー煮込みやモツ焼きなどが主流だったメニューも
ワインやカクテル
フレンチやイタリアンやエスニックなど多彩になり
街はこうした新しい立ち飲み屋とその客で
大にぎわいであるようです
たちのみ
TACHI NOMI NEW
TACHI NOMI NEO
これはいったいどうしたことでありましょうか
おそらく立ち飲みの持つもうひとつの側面「安い」「早い」「気軽」といった要素が若い人に受けているのではないでしょうか
軽
早
安
TNM
しかし昭和の呑兵衛である私にはこれだけは譲れぬという立ち飲みに対する思いがあります
まず机や椅子の台は
清酒専用ケースやビールケースであってほしい
それから卓上には箸立てや唐辛子を常備してほしい
そしてカウンターにヒジをつかない混んできたら詰めてひとりでも多くのお客が入れるようにする
などでありあります
「ダーク・ダックス スタイル」略して「ダーク」

まあ新しい立ち飲みがハヤることは大歓迎ですが
なつかしい時代の立ち飲みも残ってほしいものであります
ところで立ち飲みの魅力はたくさんありますが
私が特に注目することは
そのものズバリ
「立つ」ということであります
立って飲んだり食べたりすることは
席に着くのに比べてあくまでも「仮り」であり
日常
非日常
その非日常な「かりそめ感」が楽しいのではないでしょうか
そこでこれから私が提唱したいのは
「自宅で立ち飲み」であります
キッチンでつまみを作りながら立ったまま飲むことがしばしばありますが
そのときの酒がミョーにうまいのは
立っているからこそではないでしょうか
うめ〜
ということで本番の晩酌も座らずに立ったままやるといつもと違う楽しさが味わえるのではありますまいか
なんで立ってんの? 座れば…
いや いいんだ

『立ち飲み双紙』＝おわり＝

第1章 立ち飲み①

突撃!はしご呑み

2月某日の夕方17時過ぎ、サラリーマンで賑わう東京・新橋《しんばし》駅前広場。そこに鎮座するSLの前に、我々は集合した。我々とは、私ことラズウェル細木（以下「ラズ」）と、その担当編集者（以下「担当」）、そして最近「外で一杯」を覚えはじめた新進女性ライター・わかこ（以下「わこ」）の3名である。目的はズバリ「立ち飲み屋をはしごする」こと。

わこ「先生、立ち飲み屋って、普通は、はしごをしないものなんですか？」

ラズ「うん。しません（キッパリ）。立ち飲み屋から始めるとか、途中つなぎに入るとかはあるけど、何軒もはしごするものじゃないよね。だから、それをあえてやってみるというのは、とっても酔狂で非日常的な飲み方なわけで、それにあえて挑戦するというのが、今回の企画のキモなんだよね」

担当「先生にとって、立ち飲み屋のイメージって、どんなものですか？」

ラズ「やっぱり、ひとりでパッと寄って、2、3品つまみを頼んで、1、2杯酒を飲んで帰るイメージ。ちょっと寄ったっていう、〝かりそめ感〟がいいんじゃないかな」

まずは大阪風「串カツ」立ち飲みに挑戦！

早速、新橋駅前ビルの地下にある「立ち飲み屋A」から、はしご酒をスタートする。

ここのメニューは串揚げが中心だ。狭い入口の割に奥行きのある店内は、仕事帰りのサラリーマンでいっぱいである。我々は奥のテーブル席に陣取り、まずはサッポロビールの大瓶《おおびん》を注文した。

ラズ「そういえば、サッポロラガーの瓶というのは、居酒屋にしかないものなんだよね」

担当&わこ「エッ、それって、ホントなんですか」

ラズ「うん、そうなんだ。だからこれ頼むと、飲み屋に来たぞ！　って感じがするんですよ」

　早速メニューを選ぶ。それにしても、豚串90円、和牛130円…と、

すべてが安い！

担当「さて、注文はどうしますか？」

ラズ「やっぱり、まずはベーシックな豚串からいきたいね。あとはそれぞれ、好きなものを1本ずつというのはどう？」

わこ「僕はナスを押さえたいな。ん？　『甘い恋』っていうのもありますよ」

わこ「えーっ‼　それ頼みたいですっ！　『甘い恋』って、なんでしょう？」

ラズ「それは注文してみてのお楽しみだね」

わこ「先生、白玉っていうのもあります。110円ですって」

ラズ「エエッ、あの、あんみつに入ってるやつ？　揚げちゃうのかな。味ないよね」

担当「磯辺焼きの餅《もち》とかより、柔らかくて美味い…かもしれませんね」

ラズ「ラッキョウもある！　ラッキョウもやっぱり揚げるんだろうな」

わこ「先生！　シーチキンもありますよ」

担当「そういえば、先生は串揚げって、どれぐらいの頻度で食べるんですか？」

ラズ「そりゃ、あれば食べるくらいだよ。でも常々いいたいことがあって、こういうのは、ホントは『串カツ』というべきなんだ」

わこ「えっ、メニューには『串揚げ』とありますけど」

ラズ「うん。でも、ここの店みたいに、大阪発祥の『二度づけ禁止』がスタイルになっているところは、厳密にいえば串カツなんだよ。串揚げってのは、もうちょっと高級で、レンコンにひき肉を詰めたりとか、複数の材料を使ったりして、けっこうお洒落につくってあって、値段もちょっと高い。それが串揚げなんだよね」

わこ「なるほど。それでは、注文どうしましょう?」

まずは豚串と和牛串を3本ずつ、ナスと甘い恋、ラッキョウを1本ずつ、それから白玉を2本頼んだ。さらに、この店限定だという「鳥チャー

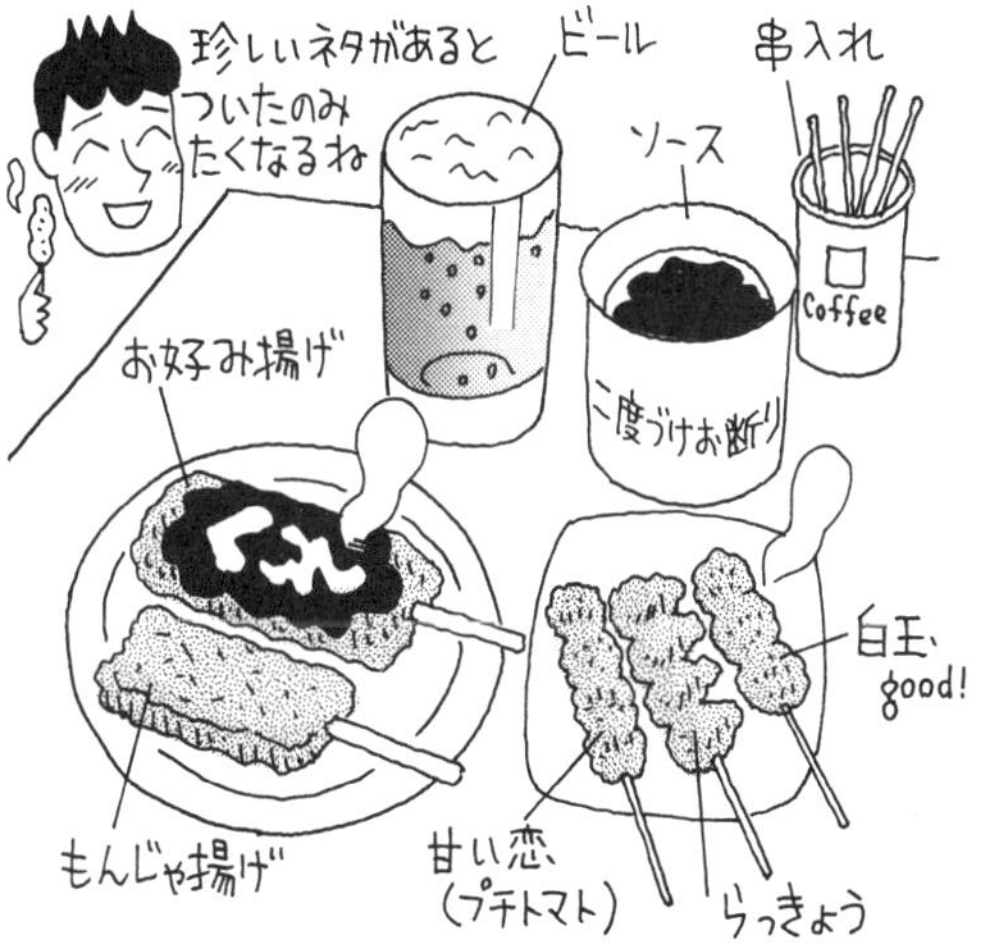

シュー」も頼んでみた。

「もんじゃ」に「お好み」、変わりダネ串に舌鼓！

ラズ「串カツって、コレなんじゃろな？　っていうのを試すのが面白いんだよね」

ビールを飲みながら、喋っていると、次々と串が運ばれてきた。

担当「二度づけ禁止です！　みなさん」

ソースがしたたり落ちそうな和牛をあわてて口に運ぶ。美味い！　つづいて豚串、白玉、甘い恋、ラッキョウ、鳥チャーシュー。豚串は、カラリと揚がった衣をまとった豚肉がたまらない。甘い恋は、プチトマトを揚げたもので、これがまたジューシーで美味。さらに白玉は、半分はソース、半分は醤油《しょうゆ》をつけて食べてみる。焼いた餅よりも柔らかく、つるんとした喉ごしと、もっちりした食感が絶品である。問題はラッキョウだ。

わこ「これ…ラッキョウには見えませんね」

ラズ「一応、そういう恰好《かっこう》はしてるけどね」

担当「先生が噛《か》んだ瞬間に、隣にいる僕には、ぷーんとラッキョウの匂いがきましたが…」

ラズ「やっぱり、味はラッキョウだよ（笑）。うーん、微妙だなあ。やっぱ、これは、ラッキョウのまま食べたほうが…。そうだ、これ、甘酢漬けじゃなきゃ、いいんじゃないかな。沖縄の島ラッキョウの塩漬けとか、エシャロットなら美味しそうじゃない」

わこ「先生、この鳥チャーシュー、美味しいです！」

ラズ「ホントだ。柔らかくて、煮込みともちがってて、美味い！」

ビールを飲み終え、2杯目はハイボールとサワーで攻めてみた。

担当「では、次のつまみを頼みますか。先生、もんじゃ揚げというのもありますけど」

ラズ「え⁉ もんじゃって揚げられるの？」

担当「揚げ、と書いているからにはやっぱり…」

ラズ「ヨシ、もんじゃ、頼もうか。それと私は、シーチキン揚げもいってみたいな」

というわけで、追加でシーチキン、もんじゃ揚げ、お好み揚げ、白玉を1本ずつ注文した。もんじゃ揚げは、キャベツと紅ショウガ、細切《こま》れ肉が入った、まさに「もんじゃ」の包み揚げ。シーチキンはブロックのものが揚げてあり、アッサリしていて悪くない。お好み揚げは、オリジナルソースが塗られて出てきて、口の中に入れると、縁日などの屋台で食べるお好み焼きの味だった。

本格「つくね」専門の立ち飲み店

串カツワールドを満喫して1軒目を出た我々は、新橋駅烏森《からすもり》口を出てすぐの、飲み屋が立ち並ぶ路地に入った。ここには、なんと立ち食い寿司の看板も出ている！思わず立ち止まってしまった私だが、担当君に引っ張られ、立ち飲み屋を探すことに。2軒目に選んだ「B」は、比較的若向けを意識したつくね専門店で、客は仕事帰りのサラリーマンばかりだ。

担当「先生、お酒はどうしましょう。僕は緑茶ハイにします」
ラズ「うーん、ちょっと早いような気もするけど、ホッピーセット白にします（笑）」
わこ「じゃあ、ワタシはレモンサワーをお願いします」
一同「それでは、カンパーイ」
ラズ「ここは特製てごねつくね、スイートチリつくねとか、いろいろあって面白そうだね」
わこ「レバーも自信ありそうですよ」
ラズ「うん。白レバーも、美味しそうだよね」
担当「じゃあ、みんな白レバーを1本ずつと、僕は照りマヨつくねを」

ラズ「私は、スパイシーつくね」
わこ「ワタシはチーズつくね！」
担当「それと、スイートチリつくねも頼みましょう」
早速、注文したつくねが運ばれてくる。
ラズ「スパイシーつくねは、胡椒味だったのか」
わこ「ワタシの頼んだチーズつくね、美味しいです！」
担当「皆さん、もう2本ずつぐらいどうですか？」
ラズ「では、私は、山葵《わさび》つくねを頼もう」
わこ「ワタシは、ジェノベーゼを！」
担当「おや。ここ、とり刺身ステー

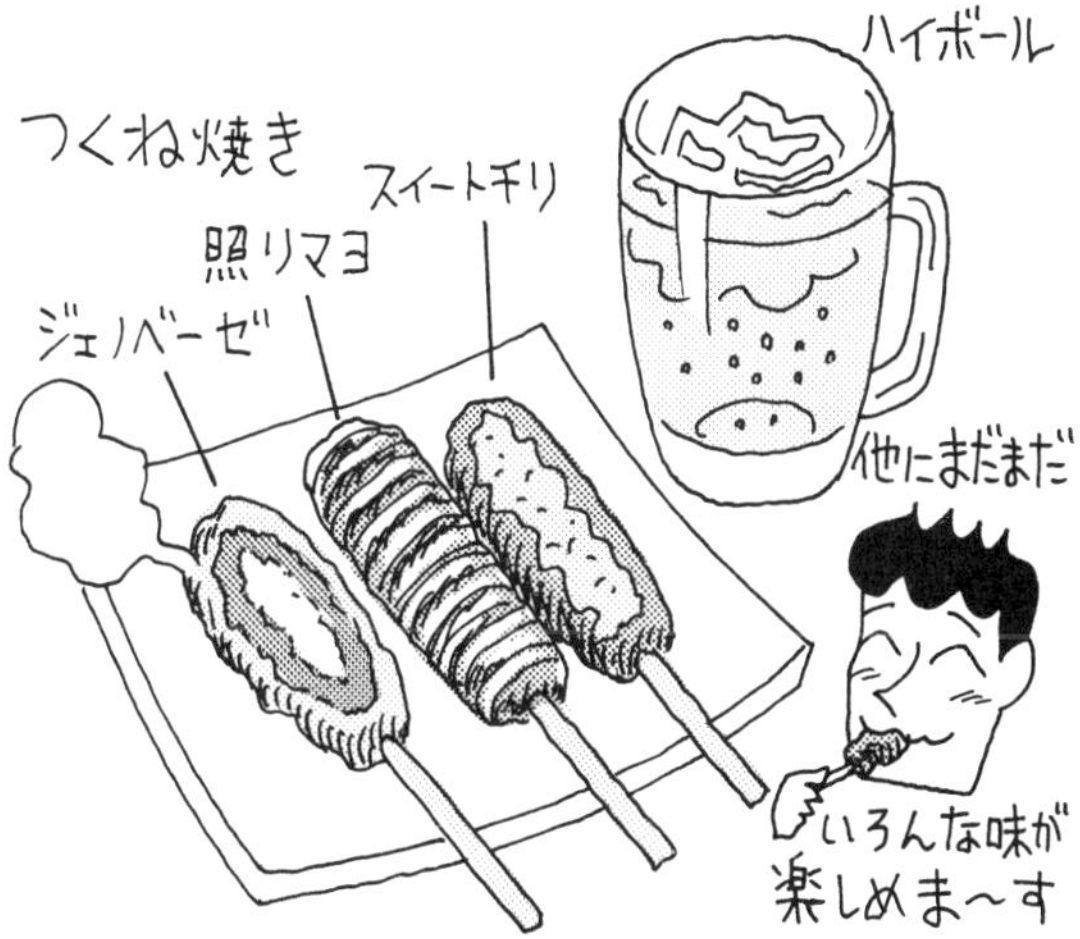

キも名物のようです。頼みましょうか？　そういえば、先生は、ご実家の米沢《よねざわ》（山形県）では、よく飲まれたんですか？」

ラズ「じつは、ほとんどないんだ。なぜなら、米沢時代は、未成年だったから」

わこ「じゃあ、お酒は東京に出てきてから？」

ラズ「うん。主に学生時代、高田馬場《たかだのばば》で覚えました（笑）。でも当時は、ここみたいな明るい雰囲気の立ち飲み屋はなかったよ。このスタイルは、ここ15年くらいのブームだよね。流行りはじめのころに取材したな…。池袋《いけぶくろ》に、ちょっと小洒落《こじゃれ》た立ち飲み屋があって。でも、なんかちがうなあ、と思ったね」

担当「スペインのバル風というか、飲み物はワインで、洋風のつまみを出す立ち飲み屋もありますよね。店の名前も、当然横文字で」

ラズ「それは、横文字文化の輸入だから、まだ許せるの（笑）。でも、日本風の立ち飲み屋が小洒落るのは、許せないんだな（笑）」

　そんなことを話していると、つまみができあがってきた。

ラズ「おっ、このジェノベーゼは、アリかナシかでいうと、アリ！　山葵も美味いよ（笑）」

担当「では改めて、串焼きの魅力をズバリいえば…」

ラズ「立ち飲み屋に限っていえば、焼きは〝焼きトン〟がよく似合うよね。しかも串焼きは豚のモツ、白モツなんかも美味しい」
担当「そういえば、1本40円の焼きトンを小学生のとき（40年前）、おやつに買ってましたよ」
ラズ「昔は焼きトンを、焼き鳥といってたんだよね」
わこ「エエッ!!　それって、インチキじゃないですか（笑）」
ラズ「じつは昔は厳しくなくってね。豚の白モツを〝焼き鳥〟って平気でいってたんだよ。当時は鳥が高かったからね。私も子供の頃、親父に焼き鳥屋に連れていってもらっ

て、白モツの豚串を食べて、こんな美味いものはないって思った（笑）」

小洒落た酒がメニューから消えた!?

すっかり話も乗ってきたところで、酒のおかわりを頼もうとしたら、思わぬ事態が発生した。なんと、店の名物というビューティハイボールと、栗《クリ》ームハイボールを注文したら店員さんが「すみません…」としきりに謝るのだ。

ラズ「まさか！」
店員「そうなんです。じつはこのふたつの酒、もうやってなくて…」
わこ「えー！　ショック！　メニューだけ？　これって、どういう飲み物なんですか？」
店員「栗ームは、本当にクリーム入り。ビューティは、コラーゲンゼリー入りで…」
わこ「人気はあったんですか？」
店員「ビューティは、飲めば気に入ってもらえることもあったんですけど、栗ームはダメでしたねえ…」
ラズ「小洒落たオリジナルの酒が、メニューから削除されてしまうなんて、新橋ならではだ。おじさんは頼まないから、気取った酒が消えるという…。ウーン、いい話だなあ」

　ここで、とり刺身ステーキが運ばれてきた。肉は薩摩《さつま》地鶏の胸肉の表面がさっと焼いてある。鹿児島のたまり醤油と福岡の柚子胡椒《ゆずこしょう》で食べるというもの。

担当「あっ、美味い！　これはたしかに逸品ですね」

わこ「わあ、このお醤油、甘い」

ラズ「鹿児島の醤油って、甘いんだよ」

担当「それにしても、これは当たりですね。薩摩地鶏の胸肉を、こんなにレアな焼き加減で食べるっていう

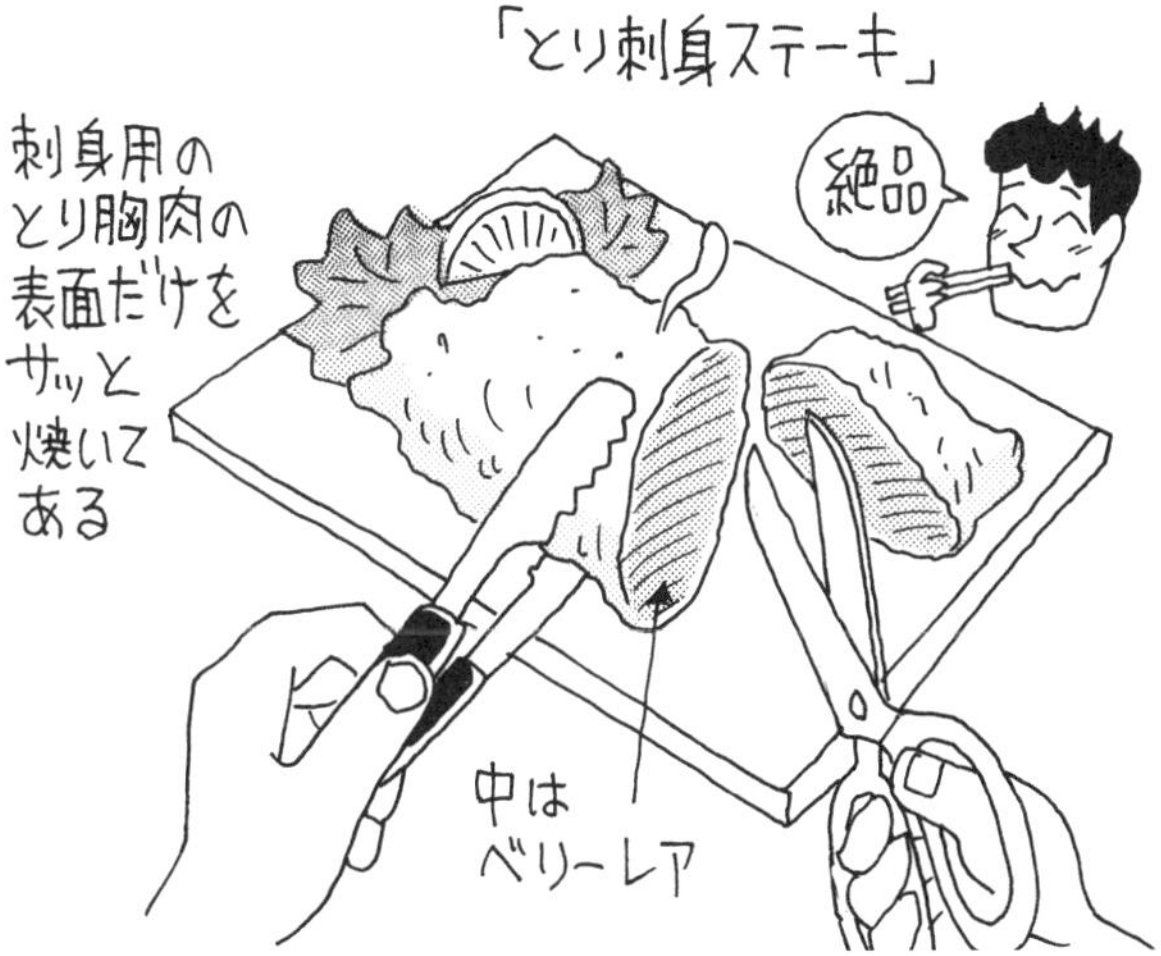
「とり刺身ステーキ」
絶品
刺身用のとり胸肉の表面だけをサッと焼いてある
中はベリーレア

のは初めてです」

ラズ「いや、ホントに。近年食べた肴のなかでも、これは屈指の美味しさだよ」

話は尽きないものの、やがてグラスも空になり、店を出ることにした。

立ち飲みの作法と焼き芋焼酎

さて、3軒目はいわゆる「お洒落系立ち飲み」に挑戦することにした。向かったのは、烏森神社の裏手の露地をさらに虎ノ門《とらのもん》方面へと進んだ「立ち飲み屋C」。店内は、壁一面が酒瓶を入れる棚になっていて、これまでの立ち飲み屋のイメージを裏切るお洒落さだ。少々ひるむ我々だが、店内は満員ということで、店外に置かれた立ち飲みテーブルで飲むことに。

担当「おっ、今回初の戸外立ち飲みですね。ところで先生、立ち飲み屋での立ち方に、決まりってありますか？」

ラズ「やっぱり、ダークでしょ。昔、ダークダックスというコーラスグループがいたじゃない。みんなちょっと斜めになって、同じ方向を向いて歌う…」

担当「あー、なるほど！　正面向いて立つと、6人ぐらいしか立てないカウンターでも…」

ラズ「半身にすれば、10人ぐらい立てるっていうテクニック。ほかにも、北千住《きたせんじゅ》のとある串カツ屋さんでは、肘《ひじ》をつくのが禁止なの。二度づけ禁止と同じ大きさで『肘つき禁止』って壁に書いてある。ここがまた、美味いんだけどね」

担当「さて、注文はどうしましょう？」

ラズ「うーん…、僕は黒瀬《くろせ》のお湯割りかな」

わこ「黒瀬？」

ラズ「芋焼酎なんだけどね。じつは、この焼酎には秘密があって…。美味しいから、わこちゃんも、ぜひ飲み

なさい」
わこ「じゃ、ワタシもそれにします」
担当「先生、食べ物も、結構面白いですよ」
ラズ「へぇ〜。ししゃもの磯辺揚げって、珍しいね。あと、マグロの脳天がある！」
担当「では、それと韓国海苔《のり》を頼みましょう」
わこ「ねえ、先生。黒瀬の秘密って、なんですか？」
ラズ「よくぞ聞いてくれました。じつは、黒瀬は、焼き芋焼酎なんだ」
担当&わこ「焼き芋焼酎？」
ラズ「そう。芋焼酎は、蒸した芋を麹《こうじ》に加えてつくるけど、焼いた芋を加える方法もあるらしくて…。その焼いた芋を加えるのが、焼き芋焼酎」
わこ「へー。そんな焼酎、初耳です」
ラズ「私も焼き芋焼酎は、鹿児島のファンの方が送ってくださって、初めて知ったんだ。甘みまろやか、香りおだやかで、いろんな食べ物にぴったり合って、美味いよ。普通の芋焼酎は香りが強いから、合わせづらい肴もけっこうあるけど、この黒瀬みたいな焼き芋焼酎なら、何にでも合うの」
担当&わこ「（運ばれてきた焼酎を飲んで）あー、本当だ！　甘くて美味しい！」

店外飲酒こそ立ち飲みの醍醐味！

　ここで、ししゃもの磯辺揚げ、マグロの脳天、韓国海苔が運ばれてきた。

わこ「ししゃもの磯辺揚げなんて、初めて見ました」

ラズ「私も初めて。珍しいメニューだと思うよ」

担当「マグロの脳天もイケますよ。メニューに書いてある解説によると、一頭から200グラムしか取れない貴重な部位だそうですよ」

ラズ「頭のてっぺんのあたりの身だよね？　結構食べごたえがあるとこ

白ホッピーと
まぐろの脳天の刺身
Hoppy
ホッピー
中トロより
うまーーい

なんだよ」

担当「さて、ここで理想の立ち飲み屋の肴について、考えてみたいんですが…」

ラズ「そうだねえ…。オリジナルメニューで、美味しいものがあれば、当然行くよね。昔ながらの立ち飲み屋の定番の、味もそこそこなツマミって、マニアな人にはいいけど、やっぱり『ウチはコレが名物だ！』というメニューがあったほうが、絶対に人は来るよ。だって、安くて気軽っていうのは、不景気な時代には重要でしょ？ 1軒目の店頭に置いてあった看板にも、〝サラリーマンの強い味方〟ってキャッチがあったし…」

わこ「立ち飲みは、オジさまの味方なんですね」

ラズ「やっぱり、オヤジも癒されたいんだよ。少しでも外で飲んだ気分を味わいたいし、家で晩酌ばっかりじゃ、気も晴れないから。ところで、今日は風もないし、冬に外で飲む環境としては、かなりいいよね」

担当「でも、僕的には、店内をぜひ見てほしいです」

ラズ「店内は、ここからも見えるよ。お、坂本龍馬の写真がある。龍馬像もあるな」

そんな話をしていると店内の席が空き、我々はいよいよ店の中に入ることになった。お酒もホッピー白を追加注文する。

女性客の多さにビックリ！

わこ「スゴイ！　奥まで人がいっぱい！」

ラズ「客層も若い女性が多いね。店内の感じが、前の2軒とは全然ちがうよ」

わこ「一応立ってはいますけど、もう立ち飲み屋って感じは、あまりしないですね」

ラズ「棚一面に焼酎がズラリと並んでいるというのも、これまでの店とは全然ちがう。ウーン、これがいまの立ち飲み屋なのかあ（笑）。そういえば、この店は龍馬づくしだけど、高知って、そんなに焼酎は飲まない

ような…」

わこ「あら？　そうなんですか？」

ラズ「そう。土佐は日本酒なの。しかもほら、高知の人ってよく飲むんだ」

担当「あっ、なんかテーブルに置くと倒れちゃうような盃《さかずき》で飲むんですよね」

ラズ「それは、べく杯《はい》というんだ。…いや、しかし我々も、今日はずいぶん飲んでるね」

担当「7時から飲みはじめて、もう11時ですからね。しかも立ちっぱなし」

わこ「エーッ！　でも全然疲れてない！」

ラズ「やっぱり美味い酒と肴があって、話が弾めば酒飲み的には、それだけで楽しいということだね。立っているのも、またよしだ」

担当「では、本日は、先生がさっき見ていた、立ち食い寿司で締めますか？」

ラズ「最後まで〝立ち〟を貫くとは剛毅《ごうき》だねえ」

立ち食い寿司で夜は更《ふ》けて

さて、再び2軒目の「B」の周辺へと戻ってきた我々は、お目当ての「立ち食い寿司D」の暖簾《のれん》をくぐった。いかにも寿司屋らしい和風の玄関でとっても入りやすい雰囲気だが、店内には椅子がひとつもない！　早速我々は、本日のオススメのあおりイカとスミイカ、ヅケマグロ、昆布《こぶ》じめなどを注文。酒は日本酒と決めて今日1日を振り返ることにした。

ラズ「立ち飲みのはしごなんて、どうなることかと思ったけど、なかなかよかったね」

担当「今日のはしごは、どうでしたか？」

ラズ「そうだね。1軒目は昔ながらの『オヤジの立ち飲み屋』、2軒目は『最近多い小綺麗《こぎれい》な立ち飲み屋』、そして3軒目は『最先端のお洒落な立ち飲み屋』という感じだったけど、

タイプはさまざまながら、立ち飲み屋自体が定着してきた感じはあったなあ」
担当「老いも若きも男も女も、それぞれが自分に合う立ち飲み屋で飲んでいて…」
ラズ「オヤジの息抜きの場ってだけじゃなく、気軽に飲むために来る人もいるだろうし。でも、マニアックなことをいえば、悪い大人の見本、みたいな部分も残してほしいけど」
担当「〝ダメオヤジが昼間から〟という側面も、ちょっとは残しておいてくれれと」
ラズ「うん、そうそう。もちろん、気軽に飲める側面をどんどん伸ばし

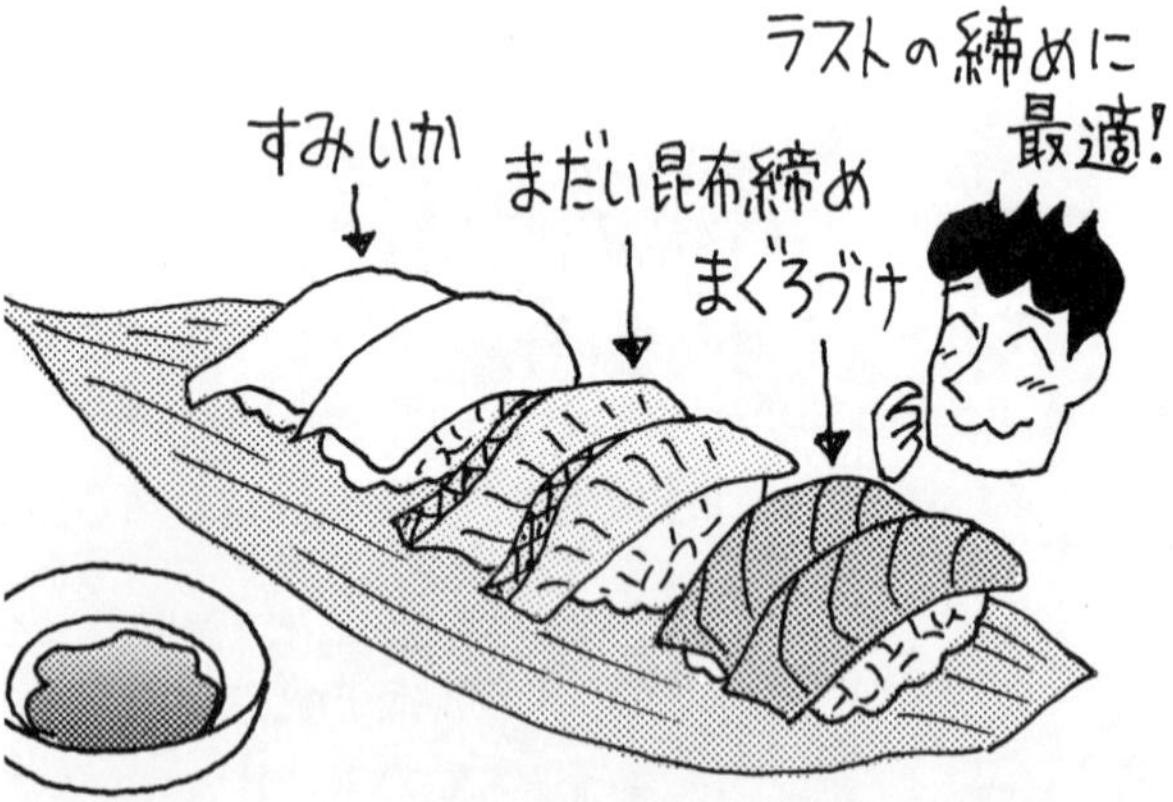

ていくと、いい立ち飲み文化になるとも思うけど」

わこ「それにしても、1時間ごとにお店変えて飲んだ経験って、初めてでした」

ラズ「そして最後はお寿司と。いろんな食べ物を楽しめるのも、立ち飲みの魅力だなあ」

担当「んーっ！　しかしこの寿司、美味しいッ！」

ラズ「ホント、ネタもいいねえ。いや、昨日絶食してた身には、たまらないよ」

わこ「えっ、絶食⁉　どうしてです？」

ラズ「いや、体型維持のためにね、火曜は絶食してるの、私」

　こうして、美味い寿司に舌鼓《したづつみ》を打ちつつ、新橋の夜は更けていくのであった。財布に優しく胃にも楽しい、立ち飲みのはしご。ぜひオススメしたい飲み方である。

第1章 立ち飲み❶まとめ

オシャレな
立ち飲み屋もいいけど、
ダメな大人の止まり木
という側面も
大事にしてほしいな

お会計

		（3人分）	（1人あたり）
1軒目	立ち飲み屋A	4290円	1430円
2軒目	立ち飲み屋B	4290円	1430円
3軒目	立ち飲み屋C	3750円	1250円
4軒目	立ち食い寿司D	5670円	1890円
	合　計	18000円	6000円

第2章 ホルモン

突撃！はしご呑み

5月上旬のある日、我々は東京から埼玉への玄関口、赤羽駅《あかばね》前に集まった。その目的は東京のホルモン激戦区として知られる赤羽で、ホルモンのはしご呑みを極めるためだ。

ラズ「じつは私、厚木《あつぎ》シロコロホルモンは、今日、初めて食べるんだ」

わこ「あっ、ワタシもです。でもテレビとかでは、すごく話題になってますよね」

担当「赤羽は戦後からずっと焼肉店が多い土地柄ではあったんですが、ここ2~3年、急激にホルモンの出店ラッシュがつづいているんですよ」

そんなことを話しながら歩いていると、目的の1軒目に到着した。赤羽駅東口の目の前にある、真新しいビルの2階の「ホルモンE」だ。

ラズ「おっ、七輪だね。座ると熱がすごいなあ」

わこ「ホント！　顔が熱いくらいです」

担当「今回は、スタミナ満点のホルモンを極めるのが目的ですが、まずはB級グルメの頂点に輝くシロコロから始めて、いま最先端のホルモン焼き、さらにホルモン鍋とつづけてホルモンのすべてを味わってみようと思います」

ラズ「ホルモン鍋って、モツ鍋のことだよね？　ホルモンはいろんな呼び方があるからなあ。ホルモンの串焼きだと、焼きトンって呼び名もあるし」

担当「はい、そうですね。では、注文は何にしましょう」

ラズ「今日はもう、君が詳しいみたいだから、薦められるがままに身をゆだねますよ」

担当「じゃあ、1杯目は3人とも生ビールで、シロコロホルモンと網レバーを頼みましょうか。あと野菜も必要だと思うので、ざく切りキャベツをひとつ」

はじめての味!? 厚木シロコロ&網レバー

ラズ「早速、何か運ばれてきましたな」

担当「ええ、これが厚木シロコロホルモンです。厳密にいえば、厚木の地元店で提供されるものにしか使ってはいけない表現だと思うんですが、つい流行に乗っちゃったのかな？」

ラズ「へぇ〜、筒状なんだね」

担当「こっちの脂《あぶら》で巻いてあるのが網レバーです」

ラズ「そうか、レバーに脂をね。これ、レバーの脂なのかな？」

担当「いや、メニューに書いてあるところによると、脾臓《ひぞう》の脂を巻いてあるそうです」

ラズ「わざわざ脂を巻いたわけだ。昔のホルモンは、脂を全部取り除いたものだったけど」

わこ「エーッ、脂を取っちゃうんですか？　ワタシ、今日がホルモン初体験なものですから、全然知りませんでした」

担当「さあ、シロコロホルモンが焼けましたよ」

ラズ「どれどれ。ん！　柔らかい」

担当「お味はどうですか？」

ラズ「いわゆるシロの味なんだけど…。聞けば、シロコロって直腸なんだってね。だからコロンと筒状なんだろうけど。やっぱり内側に、かなり脂がのってる感じはあるなあ」

わこ「そういえば、シロコロホルモンって、どうして厚木のご当地グルメなんでしょう?」

ラズ「元々厚木では養豚が盛んで、厚木でさばいたホルモンを厚木で食べるから、厚木シロコロホルモンというはずだよね」

担当「次は網レバーが焼けましたよ。さあ、どうぞ。網のことはまかせてください」

ラズ「おっ、網奉行だね」

担当「ハイ、焼けました。先生、網レバーのお味はどうですか?」

ラズ「うん。こってりしたレバーだね。うーん、わかってきたな。最近

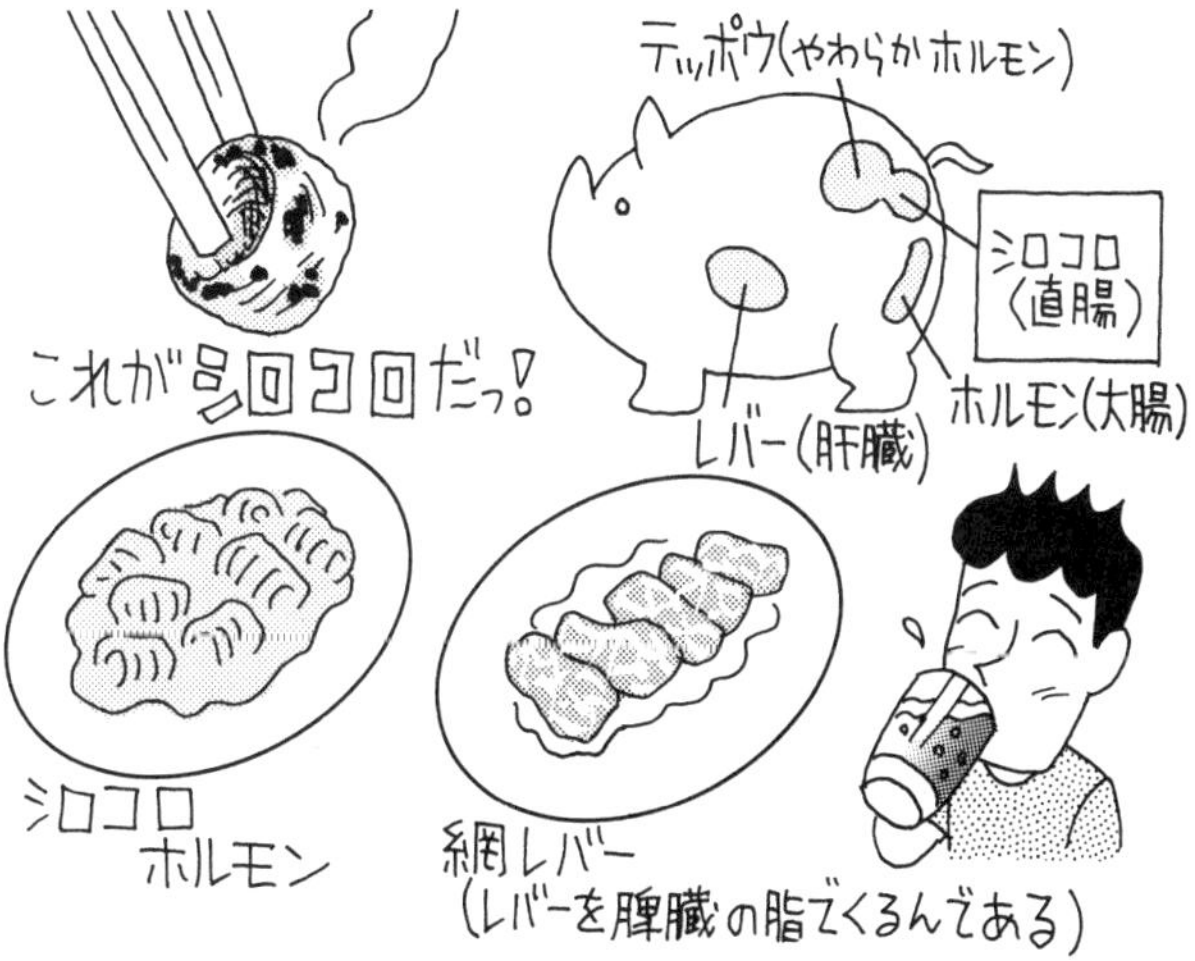

これがシロコロだっ!
テッポウ(やわらかホルモン)
シロコロ〈直腸〉
ホルモン(大腸)
レバー(肝臓)
シロコロホルモン
網レバー
(レバーを脾臓の脂でくるんである)

のホルモンは、脂が大事なんだな」

ここでさらに人気メニューの「特上ホルモン」と「柔らかホルモン」を追加注文してみた。

絶品！　特上ホルモン

担当「これが特上ホルモンなんですが、これはシロコロの一番上等な部分を、切ってない状態で出してるんです。今日のは短めですが、ふだんはもうちょっと長くて、焼いたあとハサミで切って食べるんです」

ラズ「コレ、長いと焼くのが難しそうだね」

担当「はい。筒状なので、コロコロ転がして焼くんですけど、失敗すると外は焦げてしまって、中は焼けてないという、最悪の事態になってしまうんです」

ラズ「うーん。聞けば聞くほど技術がいるね」

担当「ハイ、焼けましたよ」

ラズ「ん！　これは美味い！」

わこ「ホントだ！　同じシロコロなのに味がちがう！」

ラズ「外は香ばしくよく焼けてるんだけど、中はトロッとしてて、いや美味い！　やっぱり長い筒状で出せる部分は、直腸のなかでも限られてるんだろうねえ。長くて筒状でも、火が通る細さじゃないといけないんだから」

担当「では、つづいて柔らかホルモンもどうぞ。これは筒じゃなくて平たいですから、こっちのほうがヘルシーですよ。脂が落ちて」

ラズ「いま聞いたところでは、これ膵臓《すいぞう》のほうらしいよ。うん、これはいわゆるホルモンらしいホルモンだな。たしかに柔らかくて美味しい」

担当「ところで先生、ホルモンと合

うお酒って、いったい何でしょう?」
ラズ「うーん。何でも合うとは思うけど」
担当「日本酒はどうですか?」
ラズ「日本酒は…まあ、ホルモンは脂っこいけど味が淡白だから、合わせようと思えば合わせられなくはないよね。でも、上等な日本酒じゃないほうがいいかも（笑）」
担当「では、焼酎はどうですか?」
ラズ「焼酎系は合うだろうね。サワーでもストレートでも。でも焼肉といえば、やっぱりマッコリだよ」
わこ「マッコリって、不思議なお酒ですよね。濁り酒っていうんでしょうか?」
ラズ「いわゆるどぶろくだね。そういえば私ね、マッコリはちょっと薄いから、ビールで割って飲むんだよ。炭酸っぽさが加わって、これが美味しいんですよ。マッコリだけだと、軽い感じがするんだよな」
担当「割合はどれくらいですか?」
ラズ「それは人それぞれお好みで（笑）。じつは韓国に行ったときにね、道行くおばさんに、マッコリはサイダーで割ると美味しいって聞いて。それなら、ビールでもいいんじゃないかと思ってね…」

牛肉が高級品だったあの頃…

ラズ「ところで、このホルモン、キャベツで包んでみたらどうだろう？　うん。普通に美味しい」

担当「韓国の焼肉屋だと、サンチュは必須ですもんね。エゴマの葉とかもありますし」

ラズ「そもそも韓国だと、焼肉屋とホルモン屋は完璧に分かれてるんだよ。焼肉屋でホルモンは出さないし、ホルモン屋ではカルビは出さない。韓国でも、ホルモン屋のほうが人は入ってるよね。カルビはやっぱり高いから」

わこ「韓国でも、カルビは高いんで

キャベツで
くるむとまた
おいしい
焦がさず
中まで火を
通すため
常に転がしたり
立てたり 忙しい焼き担当

すか？」

担当「元々、韓国では、牛肉はあまり食べられてなかったみたいですよね」

ラズ「そうだね。韓国は21世紀に入って牛肉の輸入を自由化して、アメリカ産ビーフが大量に輸入されるようになってからかもね」

担当「昔は日本も、牛肉って、高かったですしねえ」

ラズ「私は、実家が山形県の米沢なんで、米沢牛の産地なんだ。でも、だからって、地元で安く食べられるわけじゃないからね」

わこ「え？　そうなんですか？」

ラズ「そうだよ。魚の場合は、漁港の近くだと水揚量が多くて安く手に入るけど、牛の場合は手がかかるし、頭数も決まってるから、日本中どこで食べても値段は変わらないよ」

わこ「へえ〜」

ラズ「あと、外から米沢牛を食べにくる人も多いから、米沢で食べたほうが高かったりして。だから米沢牛専門店には、だいぶ大きくなってから、ようやく父に連れてってもらったくらいなんだよ」

担当「そんなものなんですねえ」

〝脂〟の競演！
最新ホルモンワールド

さて、厚木シロコロホルモンを堪能した我々は、２軒目の「ホルモンＦ」に移動した。この店は、入口が厚手のビニールシートでできていて、いかにも専門店という雰囲気だ。席についた我々は、早速「マッコリのビール割り」を試すことにした。人数分のマッコリと生中を１杯注文。お店の女の子が変な顔をしていたが、気にしない、気にしない。

担当「ここでは、いまのホルモンブームの〝王道〟に、チャレンジしたいと思います」

フンイキたっぷり
ビニールシートで
おおわれた
ホルモン
4名様
どーぞ
ホルモン
和牛
ホルモン

ラズ「どうぞ、どうぞ（笑）」
担当「ではアブシン、コプチャン、シビレ、ハラミをタレでいきましょう」
わこ「アブシン、ってなんですか？」
担当「それは、来てのお楽しみ。さあ、お酒が来たので、マッコリのビール割りをつくりましょう。（できあがったビール割りを1杯飲んで）アレッ、これは意外といいですね。マッコリ独特の甘さが炭酸で取れてさわやか！　別な飲み物のような感じがしますよ」
わこ「ホント。サッパリしてて飲みやすい」
やがて、注文の品が運ばれてきた。
担当「さて、この白い脂がくっついてるのが、アブシンです。ズバリ〝脂の心臓〟の略で、ぶっちゃけて言ってしまえば、メタボリック心臓ってとこですかね（笑）」
ラズ「たしかに脂がすごい。ウーン、勇気出ないぞ…。元々さっぱりしたのが好みだから、こんなにガッツリした脂は、怖いっていうか…」
担当「でも、扱いとしてはタンと一緒ですよ。お好みで、レモンとわさびをつけるんです」
ラズ「そうかなあ（笑）。だけど牛の心臓って、ハツのことでしょ。こんなに脂がついてるものなんだ。それとも、太らせてるのかな。普通はこの脂を取るんだよね？　だって、通常食べるハツは、淡白でしょ」
担当「歯ごたえはハツと同じですよ。そこに脂がくっついてて、二度美味しいんです」
わこ「あっ！　先生が難しそうなお顔に！」
ラズ「たしかに、美味しいけど（笑）」
担当「脂すぎますか？　じゃあ次はコプチャン（脂つきの小腸）です。さあ、脂をほどよく落とした、悪魔の味をお楽しみください」
ラズ「ウーン…これはまた、すごい脂だねえ。脂といえば昔、飛騨牛の

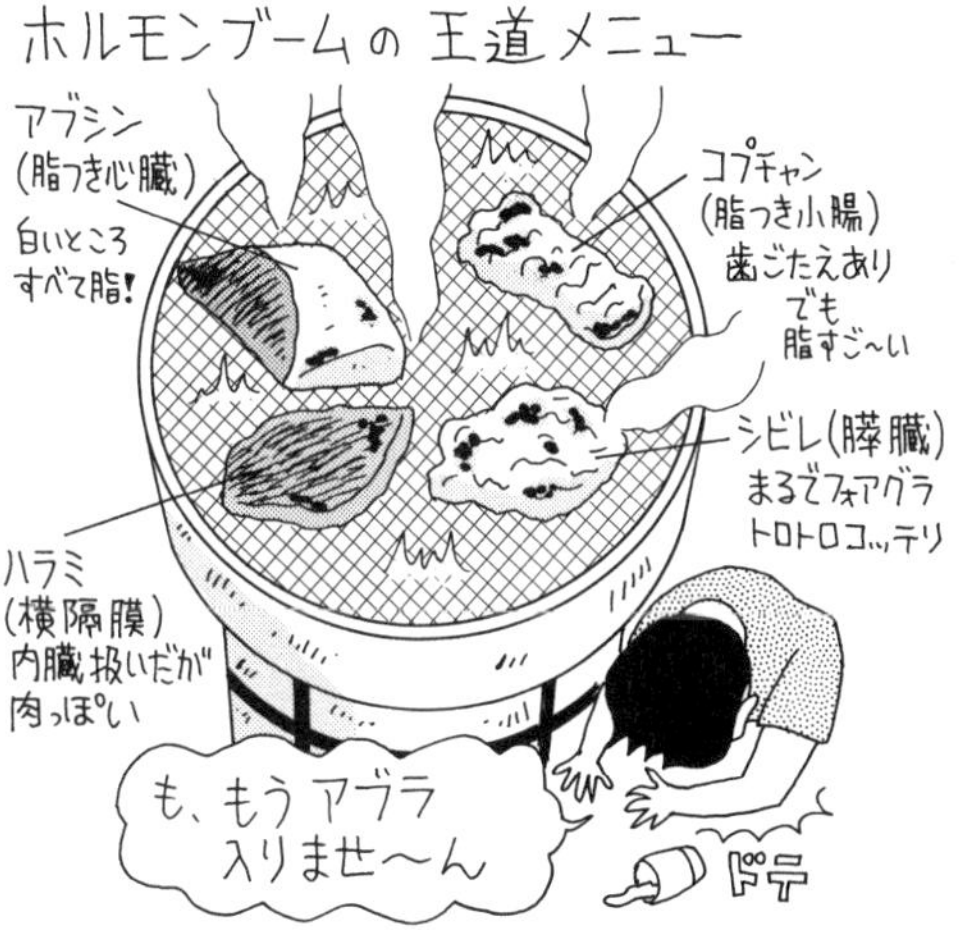
ホルモンブームの王道メニュー
アブシン
(脂つき心臓)
白いところ
すべて脂!
コプチャン
(脂つき小腸)
歯ごたえあり
でも
脂すご〜い
シビレ(膵臓)
まるでフォアグラ
トロトロコッテリ
ハラミ
(横隔膜)
内臓扱いだが
肉っぽい
も、もうアブラ
入りませ〜ん
ドテ

脂つきのホルモンが送られてきたことがあったよ。タレに絡めて、ビニール袋に入ってたんだけど、家だと焼くわけにもいかないから、煮込みにしてね」

担当「ああ、モツ煮込み風の」

ラズ「二、三切れまでは美味いんだけど、やっぱり脂っこいから、量はいけなかったなあ」

担当「脂を取っちゃうなんて、『なんてもったいない』と、いまの人は感じると思いますよ。でも、昔の日本人は、赤味好きでしたからね」

ラズ「あと冷凍技術が進歩して、鮮度が保てるようになったということもあるのかもね」

フォアグラ味のホルモン「シビレ」

担当「さあ、ハラミが焼けました」

ラズ「うん。これは知ってる味だ（笑）。でもハラミは、内臓というより肉の味がするね」

担当「はい。ハラミは牛の横隔膜《おうかくまく》ですから、ほとんど肉と変わらない味がします」

ラズ「うん。肉っぽい食感が魅力の味だ」
担当「じゃあ、その次は、牛の膵臓、シビレをどうぞ。でも、さっきのアブシンに比べたら、脂控えめですよ」
ラズ「そうかな⁉ 脂と肉が一体化してるよ」
わこ「担当さん、すごく嬉しそうな顔してますけど？」
担当「食べたらわかりますよ。お牛さまのフォアグラですから」
わこ「ん！ とろけるみたいで、美味しいです」
ラズ「ウン、たしかにフォアグラみたいで美味しい。だけど私は、もうそろそろサッパリ系にいきたいなあ。本日はもう、脂終了（笑）！」
追加注文は、ハツ、ギャラ（第四胃）を頼むことに。酒は担当君おすすめの「自家製にんにく酒」と「爆弾」にしてみた。
ラズ「それにしても、このにんにく酒はすごいね（笑）。まさににんにくの味だなあ」
担当「キツイ味ですか？ 僕の爆弾、飲みます？」
わこ「爆弾って、何ですか？」
担当「この店のは、焼酎のビール割りです。飲みやすいですよ」
ラズ「飲みやすい？ 漫画『じゃりン子チエ』で、主人公のチエちゃんが、自分の店のホルモン屋で売ってるやつだよ！」

担当「ハイ、先生。待望のサッパリ系が焼けました。まずはギャラです」

わこ「そういえば、牛には胃が何個もあるみたいですけど、全部味がちがうんですか？」

ラズ「うん、ちがうねぇ。形状もちがうし。このギャラも、やっぱり脂が乗ってるよ」

脂系ホルモンベスト3発表！

担当「さてさて、最先端のホルモンの世界はどうですか？」

ラズ「いやもう、脂がすごいね。コッテリとした甘い脂の味。これがいま受けてるんだということが、よくわかったよ」

わこ「ワタシ、昔のホルモンがまだよくわからないんですが、どんなものだったんですか？」

ラズ「そうだなあ。いまのホルモンに比べて脂がなくて、いつまでも噛んでいられるガムみたいな食べ物だったよね」

担当「はい。ちょっと前のホルモンは、噛めば噛むほど味が出る食べ物でした（笑）」

ラズ「何はともあれ、最近の傾向は脂ホルモンまっしぐらなんだね。これは昔では考えられなかった新しい味だよ。これがいいというのもわかるし、好きな人がいるのもわかるよ。だけど、昔ながらのホルモンもあると、なおいいよね。私としては、昔のホルモンの合間にいまのホルモンを食べられると嬉しいね。そういうお店があってほしい」
わこ「この店は、脂のフルコースでしたものね」
担当「じつは先生に、最後に食べてほしいものがあるんです。それは、このお店で人気の上ホルモン。牛の大腸です」

わこ「わあ。コリコリしてる！」
ラズ「あ、いいねえ（笑）」
担当「先生的には、やっとホルモンを食べたという気分ですか」
ラズ「ふるさとに帰ってきた感じがします」
担当「これもけっこう脂があるんですが、しっかり焼いて脂をよく落としてます（笑）」
ラズ「臭くもないよね」
担当「じつはこれ、焼き切らないと臭みが残るんですよ」
ラズ「焼き切るっていうのが、ホルモンを食べるときのひとつのコツなんだね。でも、昔のホルモンを懐かしむ者としては、気持ち臭みが残ってるのもＯＫだよ。昔はちょっとプーンと匂って、それがホルモンだった」
担当「ではここで、このお店で食べたもののベスト3を選んで頂きたいと思います」
ラズ「初めて知った味ということでまずはアブシンかな。脂の部分と歯ごたえのある心臓部分の両方を味わえるから、最初に食べるにはいいね」
わこ「たしかに、美味しかったです」
ラズ「2番目はやっぱり上ホルモンだねえ。昔ながらの味がしていいね。それから第3位はギャラかな。歯ごたえも脂もあって、ホルモン初心者も楽しめるだろうな」

昔ながらのモツ鍋に「ホッ」

2軒目を出た我々は、3軒目に向かうべく、赤羽一番街商店街をさらに奥へと進んだ。目指す店は、1階はモツ焼き、2階はモツ鍋を出している「モツ鍋G」である。

担当「いやー、お疲れさまです。さて、この店の鍋は、醤油味と味噌味があるんですが…」

ラズ「やっぱり醤油かな。あと、さっぱりしたものが欲しいな（笑）。うまからキュウリとか」

担当「いいですねえ。あと酢モツ（センマイ刺し）とガツ刺しもおすすめです」

鍋の前の酒とつまみ
黒豆マッコリ
酢モツ
ミミガー（豚の耳）
ガツ（豚の胃袋）
黒マメマッコリはすっぱいコーヒーみたいでうまい

お酒は私のイチオシ、「黒豆マッコリ」をデカンタで頼むことに。

一同「では、3軒目もカンパーイ」

わこ「わぁ、黒豆マッコリって美味しい。コーヒーみたいですね」

ラズ「でしょ。味としては、ちょっと酸っぱいコーヒーだよね」

担当「最近、マッコリの味も増えましたよね」

ラズ「うん。梨《なし》マッコリとか、ブドウマッコリなんかも、あるらしいよ」

担当「あっ、酢モツとガツが来ましたよ。どちらもお刺身風に、さっとゆでて味がつけてあります」

わこ「酢モツとガツは、どうちがうんですか？」

ラズ「ガツは豚の胃袋だよね。酢モツは…これはどこだろう？」

担当「いまお店の人に聞いたら、ミミガー（耳）だそうです」

ラズ「あー、なるほど。コラーゲンっぽいプリプリ感は、耳だからなんだね」

わこ「耳も、ホルモンなんですか？」

ラズ「ホルモンの語源は〝ほうるもん〟って、いうじゃない？　だとしたら、肉以外の場所は、全部ホルモンといえるんだよね」

ここで、モツ鍋が運ばれてきた。アルミの洗面器のような平たい鍋に、キャベツ、ゴボウ、ニラなどの野菜と、モツがてんこ盛りになっている。

わこ「すごいボリュームですね！」

担当「先生、煮えてきましたよ。ところで、この店のモツ鍋は、先生のお好きな脂身の取り除いてあるホルモンが使われていますね。その一方で、脂身をつけたままのホルモンを使うタイプのモツ鍋も、最近はすごく増えています」

ラズ「世の中の傾向としては、やっぱり脂つきのホルモン鍋が、主流になってきているんだろうなあ」

担当「ええ、そうだと思います」

ラズ「そういえば、ここの鍋は、にんにくがよくきいてるから、臭みは

モツ鍋(醤油味)
にんにく
ニラ
モツ
(脂なし)
キャベツ
やっぱ最後は
雑炊

あまり気にならない気がするなあ。
それにしても、いやー、美味しいモツ鍋だね。3軒目だから無理かと思ったけど、箸《はし》が進むなあ」
担当「じゃあ、締めに致しましょうか。雑炊セットは、たまご&ご飯か、チーズ&ご飯を選べるんですが」
ラズ「鍋が醤油味だから、たまご&ご飯雑炊じゃない?」
担当「それでは、今日のホルモン巡りも締めたいんですけど、どうでしたか?」
ラズ「『脂系ホルモン』という新しいムーヴメントを初めて目《ま》の当たりにしてみて『なるほどね』と思ったけど、やっぱり量が食えなくて、私

は撃沈したという感じかな（笑）』

担当「先生にとって『脂系』ホルモンは、今日までヴァーチャルだったわけですね」

ラズ「そうなんだよ。で、今日実際食べてみたけど、いろんなものをたくさん食べようと思ったら、やっぱり私は、昔ながらのホルモンのほうがホッとするなあ。もちろんいまの流れを否定する気はなくて、本当に美味しいとは思うんだけど、食べられる量が限られちゃう私のような人間は、いろいろ試したりできないからねえ…」

担当「チビチビつまむ楽しさが、脂によってブレーキがかかっちゃうわけですね」

ラズ「でも、今日はシロコロから始まって、ホルモン焼き、モツ鍋と、ホルモン料理のコースをつくってみたのは面白かったね」

　そんな話をしていると、雑炊ができあがった。

ラズ「うん、ダシがきいてて、あとゴボウの歯ごたえがよくてウマイ！」

わこ「もうお腹いっぱいですね」

ラズ「いやー、絶食明けの身にはたまらないな」

　ホルモンのはしご、胃腸に自信のある人には、最高のイベントとなるのではなかろうか。こうして我々のホルモンの夜は更けるのだった。

第2章 ホルモンまとめ

脂系ホルモンに撃沈！
個人的には昔の
ホルモンが好きです

お会計

		（3人分）	（1人あたり）
1軒目	ホルモンE	4149円	1383円
2軒目	ホルモン焼F	8230円	2743円
3軒目	モツ鍋G	7310円	2436円
	合　計	19689円	6563円

Mr.《ミスター》ワンコイン①

牛丼・カレー
うし屋
カルビ
牛丼にするか
牛丼は最も手堅い選択肢のひとつである
ガー
さーて牛丼並とあとは…
牛丼の並が330円だからあと170円の余裕があるそれでどんなサイドオーダーをするかが問題だ
例えば
みそ汁&お新香のセットが100円
+130円
とん汁&お新香のセットが150円
+180円
みそ汁&サラダのセットが130円
+100円
とん汁&サラダのセットが180円
+150円
とん汁&サラダは500円を超えるから論外として
330
+
180
=
510
ブ〜ッ
あとは悩むところだなあ
今日はサラダの気分じゃないしとん汁はちとゼータクか…
よしっ牛丼+みそ汁&お新香にしとこ
ご用はボタンでお知らせください
ん?

新メニュー
新メニュー登場
並 430円
トマト茄子マンゴーマヨ
親子丼
トマト茄子《なす》マンゴーマヨ親子丼だって?
知らなかったなこんなのが出たなんて
どんな味なんだろう?
気になるじゃないかっ
新メニュー
茄子マンゴーマヨ親子丼
うーん どうする?
牛丼は安心といえば安心
しかしわかりきった味でつまらないといえばつまらない
トマト茄子マンゴーマヨ親子丼たのんでみるか…でも
430円は高いな
並 430円
でも…
単品のみそ汁70円をつけてもピッタリ500円におさまるし
よしっ
ピンポン
ご用はボタンでお知らせください
トマト茄子マンゴーマヨ親子丼の並に単品のみそ汁
ハイ
さあ楽しみだあ
お待ちどうさま——

トマト茄子マンゴーマヨ親子丼とみそ汁でーす
でーん
おおーっきたーっ
これか
親子丼の上にトマトと茄子とマンゴーを煮たのをのせてマヨネーズをかけたようだな
いっただきまーーす
ムグ ムグ
ムグ ムグ
ムグ ムグ
ガ〜
あ〜あ やっぱ牛丼にするんだった
牛丼屋の新メニューはまわりの客がどれだけオーダーしているか確かめてからトライすべし
ゲフ〜
そーいえば誰もたのんでなかったよなあ

『Mr. ワンコイン』①＝おわり＝

第3章

築地朝飲み

突撃！はしご呑み

「ただ飲むだけじゃ面白くない！」とばかりに、はしご酒で最新の酒事情を取材するこの企画が、今回、挑戦するのは「朝飲み」だ。世間の皆さんが仕事に向かう朝の通勤時間から、あえて酒を飲んでしまう朝飲みは、酒好きにとっては究極の贅沢《ぜいたく》であると同時に、一歩間違えば「ダメな大人」の代名詞ともなりかねない飲み方である。そんな朝飲みを、誰からも後ろ指を差されずにカッコよくたしなむには、どんな飲み方をすればいいのだろう？　8月下旬のとある平日の朝7時、東京メトロ・築地《つきじ》駅に集まった我々は、外国人をはじめ大勢の観光客で賑わう朝の築地で、朝飲みを極めることにした。

究極の寝起き酒「築地」朝飲みに挑戦！

ラズ「おはよう！　いい天気だね」
わこ「お久しぶりです。先生、お元気ですね」
ラズ「うん。僕は毎朝、5時起きだからね」
わこ「えー!!　先生は漫画家さんなのに、朝型なんですか？　ワタシは夜型なので、まだ眠くて…って、担当さん、起きてます？」

担当「うーん、だ、大丈夫。寝起きでまだ、口が重いだけで…」

ラズ「じゃあ、担当君の目が覚めるまで、ワタシが築地をご案内しましょう（笑）。ところで、わこちゃん、築地市場って、どこからが市場か知ってる？」

わこ「え？　ここはちがうんですか？　マグロの専門店とか、何軒もお店がありますけど」

ラズ「じつはここは築地の『場外市場』なの。魚を卸《おろ》す店がいっぱい並んでいても、ここは市場の外なんだよね。そしてここを抜けると、『場内市場』の門があるんだ」

わこ「へえ、全然知りませんでした」

担当「最近の築地は、噂どおり外国人観光客が多いですね」
ラズ「そうだね。英語とか中国語とか、外国語が飛び交ってるもんなあ」
わこ「外国の方が、わざわざ築地の市場を見学にくるなんて、なんか変な感じ」
ラズ「そもそも食文化的に、魚を日常的に食べるというのは、世界でも日本くらいのものだからねえ。だから、都会の真ん中にこんなに大きな魚市場があるというのは、相当珍しいものなんじゃないかなあ」

しだいに鉄筋のアーチが見えてきた。いよいよ築地場内市場の入口である。早速、門をくぐってすぐ左手にある、飲食店がひしめいているエリアへと向かった。

ラズ「うわあ、結構並んでるな、寿司店D！」
わこ「ホントですね。行列がお店の前から、歩道にまで延びています。ところで先生、こういう食べ物屋さんって、元々は市場で働く人が、ご飯を食べるためのものだったんですよね？」
ラズ「うん、そうだね。市場で働く人たちのためのお店だよね。でも、昔から誰でも入れたんだよ」
わこ「いつごろから、こんなに人気になったんですかね？」
ラズ「はっきりいつからというよりは、徐々にだったたと思う。最初は近所のサラリーマンが朝ごはん食べたりとか、徹夜で飲んでた酔っぱらいが、早朝に締めに寄ったりとか…。あっ、Yだ！　ここのカツ、美味しいんだよ。昔は私でも、カツ食べたあとお寿司食べたりできたんだけど、いまはもう自信ない（笑）」

担当「あれが、かの有名な吉野家ですね」

わこ「ココ、明治創業の1号店ですって。スゴい！　場内の食堂って、ホント、なんでもあるんですねえ」

ラズ「うん。ここの飲食店は、市場に買い出しにくる人たちが、食を楽しむためのものだからね。さあ、どこに入ろうか」

1軒目は魚料理
ここにシャコのフライが…
それは食わねば
和食
本マグロ
大メジ
カツオ
サンマ焼
アジフライ
和食 定食
とう

担当「今日は朝酒と築地を楽しむがテーマなので、まずは軽くビールと肴でどうですか？」
ラズ「おっ、いいねえ。じゃあ、洋食かな？」
担当「じつは、シャコのフライを出す店があるんですよ」

朝から豪華に松茸《まつたけ》&ビール！

まず狙いを定めたのは、市場の入口近くにある食堂「H」。店に入ろうとしたところで、近くの店のお兄さんが話しかけてきた。彼いわく、美味しいお店を見つけるコツは、覗《のぞ》いたとき足許に「長靴がたくさん見える店」。ウーン、やはり生の声は、鋭いものがあるな。

担当「さあ、入りましょう。まずは、ビールの大瓶を2本！」
ラズ「店内もいい感じだね。さて、メニューは、あ！　松茸のフライがある‼」
担当「お、気づきましたか（笑）。今日は大人の朝飲みなので、思い切って頼みますか」
わこ「朝から松茸にビール！　夢みたい（笑）！」
ラズ「まあまあ、たまの贅沢だよ。決して安くはないけど、築地価格で良心的だね」

担当「ふだんはとても手を出せないものが、築地であればチャレンジできる。これは、築地を楽しむポイントのひとつかもしれませんね」

ラズ「よし、じゃあ乾杯。うん、朝のビールは美味い！　夕方もいいけど、朝もいいねえ」

わこ「嬉しいなあ。いつもなら、仕事してる時間ですよ。ところで先生は、朝起きたら……」

ラズ「ビールなんて飲まないよ(笑)。だいたい朝から飲むと、ロクな仕事はできないよ」

わこ「いまから飲みはじめたら、お昼にはできあがっちゃいますもんね」

担当「先生が朝から飲むのは、どういうときですか？　旅行？」

ラズ「はい。旅行のときは、旅館の朝ごはんにつけてもらって絶対飲むね。海外も台湾や香港だと、朝は屋台でご飯のパターンが多いから、近くのコンビニでお酒を買ってきて、飲みながら食べるんだ。でも、それは旅行だからであって、ふだんから朝起きて『さあ、今日も朝から飲むぞ！』って人は、依存症だよ（笑）」

わこ「ダメな大人というやつですね」

担当「今日は、我々がそう思われてます（笑）」

ラズ「たしかに私たちは、奇妙だろうね。でも、築地自体は、とにかくみんな朝早いから、午前中とかお昼に飲んでても、全然不思議じゃないよ」

担当「そろそろ食べ物も注文しましょうか。シャコフライと、松茸フライと…」

ラズ「やっぱり、サンマの塩焼きも食べたいな。あと煮魚で、マコガレイの煮つけはどう？」

わこ「美味しそう！　それからワタシ、ナスの油みそ、食べたいです」

早速、注文した品々が運ばれてきた。

わこ「シャコに松茸、サンマにカレイ、豪華！」

ラズ「このナスの油みそも、美味しいよ。朝にピッタリな、さわやかさで」

担当「先生、ナスもいいですが、ぜひシャコを！」
ラズ「オオッ、このシャコフライ、すごいボリュームだな。３人で１皿でも、結構あるよ」
担当「ソースと醤油、あとケチャップもあります。お好きなもので召し上がってください」
ラズ「え？　ケチャップで食べるの？　よし、なんでも挑戦してみよう！」
一同「ウマイッ！」
わこ「サクサクなんだけど、歯ごたえがあって、本当に美味しいですね！」
ラズ「ビールに合うなあ。エビの仲

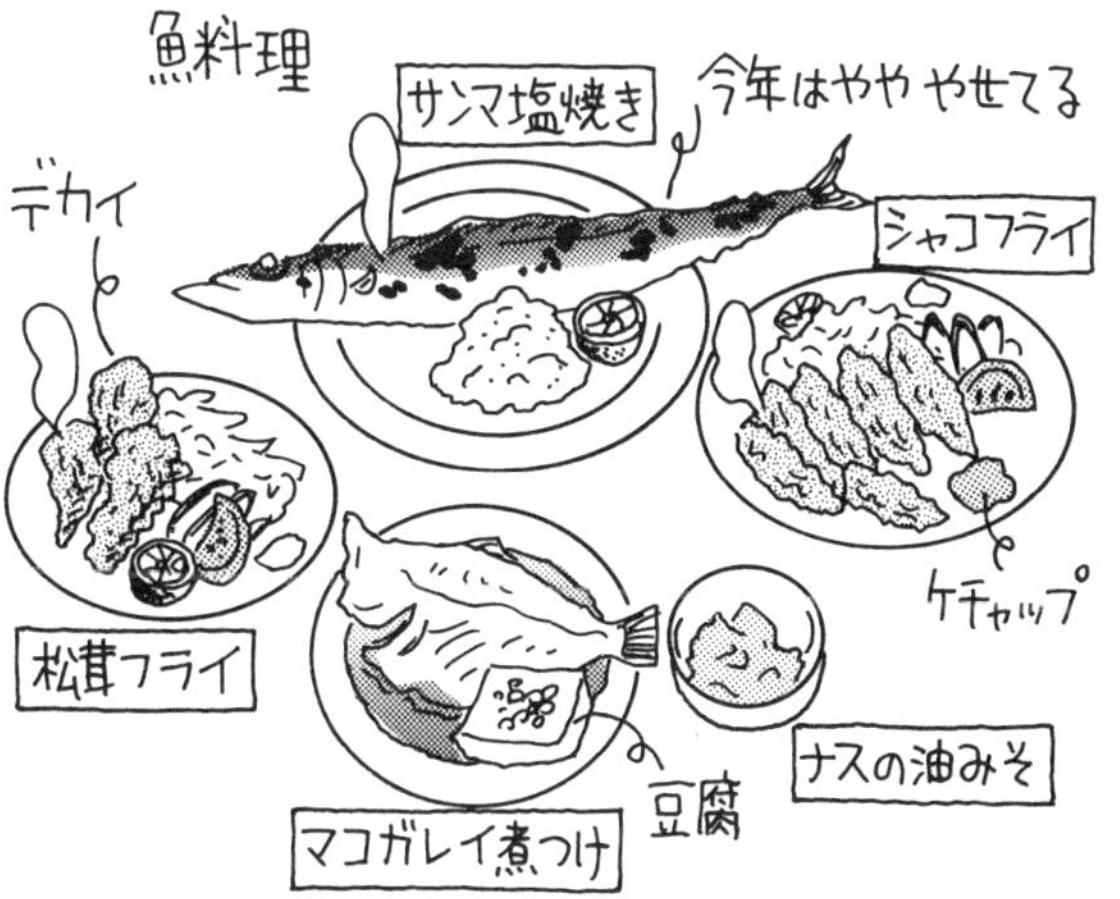

魚料理
サンマ塩焼き
今年はややややせてる
シャコフライ
デカイ
ケチャップ
松茸フライ
ナスの油みそ
豆腐
マコガレイ煮つけ

間だから、フライに合わないはずはないよね」
担当「とはいえ、まずシャコをフライにするという発想が、一般の人にはありません から」
ラズ「うん。魚を扱うのに慣れてる、築地ならではの肴だよね」
担当「では次は、松茸をどうぞ」
松茸も大ぶりのものが、ごろごろとフライにされている。
ラズ「松茸はやっぱり醤油で食べたいな。…うーん、いいですねえ。松茸がフライになってる、としか言いようがないけど（笑）」
わこ「先生、いよいよサンマが出てきました」
ラズ「うん。じゃあ、いちばん美味しいところから（と迷わず内臓に箸を入れる）。うん、美味しいね。やっぱり秋は、サンマを食べないと始まらないからなあ」
担当「しかし、焼いたサンマと松茸のフライって、合いますね。両方ともオイリーで」
わこ「お酒が進んじゃいますね」
担当「では、最後の1皿、マコガレイの煮つけをどうぞ。一緒に豆腐《とうふ》が煮つけてあります」
ラズ「カレイと豆腐は、出会い物だよなあ。相性抜群！　カレイは夏が旬だから、魚自体がとっても美味しい。また、よく味もしみてます。僕は煮魚は家でつくって、外では焼き魚を頼むことが多いんだけど、やっぱり煮つけはいいなあ。日本酒にいきたくなる（笑）」

わこ「先生の魚好きは、やっぱり日本酒の肴としていい、というところなんですね」

ラズ「うん。それは大きいよ。魚を好きになったのは、酒を飲むようになってからだしね。みんな子どものころは、骨とか嫌でしょう？」

わこ「ワタシはいまでも骨が苦手で…」

ラズ「そういえば、マコガレイは、刺身も美味しいんだよ」

わこ「え？　これ、お刺身にもするんですか。どんな食感なんですか？」

ラズ「締めたてはプリプリ。熟成すると、少し柔らかくなります。ほかの魚と一緒だね。夏はヒラメの代わりに、マコガレイを置いてるお寿司屋さんも多いよ」

わこ「さすが、お魚好き。魚好きとして、一番好きな魚とかありますか？」

ラズ「えっ、難しいなあ。ウーン（悩む）、やっぱり、そのときどきの旬の魚がよくて、夏は、イサキもいいし、太刀魚《タチウオ》も美味いよねえ」

担当「太刀魚は皮をむいたときに、ジューッと脂が出て」

ラズ「ウロコがないから、食べやすいしね」

わこ「あの魚、長いですよね。海の中ではどうなってるんでしょう?」

ラズ「立ってるんです、ホントに。以前、テレビを見ていたら何匹もの群れが、ほぼ垂直で立って泳いでた」

わこ「あーん。そんな話を聞かされると、お刺身が食べたくなっちゃいます」

朝から寿司屋で日本酒ガブ飲み!?

朝の9時にして、早くもホロ酔い気分で1軒目を出た我々は、2軒目に突撃する前に、腹ごなしを兼ねて築地の場内市場を見学することにし

た。場内市場には、所狭しとばかりにさまざまな海の幸が、並べられている。これは、見てるだけで楽しくなってくる。

わこ「先生！　これなんですか。ムキダマ？」

ラズ「赤貝の剥き身だね。そうか。わこちゃんは、こんなの見たことないんだねえ」

わこ「はい。見たことないものばかり。こっちはなんだろ。小さいイカだ。カーワイイ！」

ラズ「これは新イカ。スミイカの赤ちゃん」

わこ「キャーッ、楽しい！　じゃあ、これは？」

ラズ「右がカマスで、左が新子《しんこ》。…ウーン…」

担当「先生、どうしました？」

ラズ「いや、最近の若いコは、ホントに魚を知らないんだなあ、と思って…。これからは日本の若者の教育のためにも、市場見学が必要かもしれないねえ（笑）」

担当「そろそろ一周しましたよ。1時間かかんなかったぐらいですかねえ」

ラズ「そういえば、この市場は、1980年代まで鉄道が入ってきてたんだよ」

わこ&担当「エーッ！　ホントですか⁉」

ラズ「ウン。でも、物流の主役が、トラックになったので、その必要はなくなったと…」

わこ「ああ。だからこの市場の建物の前には、不自然に広いスペースがあるんですね」

そんな我々が2軒目に選んだのは、「I寿司」である。まずはビールで乾杯することに。しばらくして運ばれてきたのは「黒ムツ・ブリ・マグロ・カツオ」などのお造りである。

担当「先生、あっという間にビールがなくなっちゃいました。次は冷酒にしましょうか」

ラズ「私は今日、調子いいんだよねえ。さすがに朝酒はどうかと思ったけど、全然平気！」

わこ「ワタシも、スイスイ飲んじゃってます」

ラズ「朝ってやっぱり、密度が濃いねえ。おっ、このカツオ、美味い。もう脂がのってる」

わこ「戻りガツオですね」

担当「しかし、朝から寿司屋っていうのも、築地ならではですね」

ラズ「うん。普通の街は、朝から寿司屋なんかやってないし。だいたい、午前中から寿司食べようって気にはならない。だけど築地だと『お寿司かな？』って気になるんだよねえ」

わこ「でもやっぱり、3人いるから盛り上がる、ってこともありません？　ひとりだったら、いくら美味しくても、さすがに朝から食べないかも」

担当「それじゃあ、そろそろ握ってもらいますか。先生は、まず何を？」

ラズ「わこちゃんが市場で騒いでた、新イカはないのかな？」

板前「じつは、まだないんです。この時期の新イカは、まだまだ値段が高いんです。いま店で出そうと思ったら、1カン1000円ぐらいしちゃうんです」

ラズ「そうなんだ。市場のやつは、飾ってあったんだな（笑）。じゃあ、

新子はある？」
板前「あります。新子もいつもより遅くて、いまがちょうど盛りですよ」
　そこで、まずは新子とシャコを注文する。
わこ「んー！　文句なしに美味しい‼　シャコはタレがちょっと甘くて、プリプリです」
ラズ「新子もほどよい締め加減です。…ウーン、やっぱり寿司はいいなあ。よし、次はタイラギにしようかな」
わこ「タイラギってなんですか？」
ラズ「タイラ貝っていう貝の貝柱だよ。さっき市場にも出ていたよ」
わこ「あっ！　ムール貝みたいな大きいヤツ！」
ラズ「そう、それ。担当君は？」
担当「この店おすすめの石垣貝にします！」
ラズ「みんな、タイラギの味はどう？」
担当「コシがあって淡白で、面白い味ですね」
ラズ「石垣貝は、貝らしい貝だよね。次は、イワシをショウガでいただこうかな」
わこ「このイワシ、美味しい！」

ラズ「うん。すごく鮮度がいいよね。あと、ゲソをショウガで」

担当「すっかりいい気分になってきたなあ。じゃあ、回っていない、カウンターで食べる寿司屋が初体験のわこちゃんには、ウニとイクラを」

わこ「え～っ！　いいんですか‼」

大奮発のサシ入り大トロ！

感激するわこちゃんを横目に、こちらは白身の中から、板前さんおすすめのブリの腹のところを注文する。塩で食べるのだという。

担当「どうです？　お味のほうは」

ラズ「うん。トロっぽいよ。脂がのっ

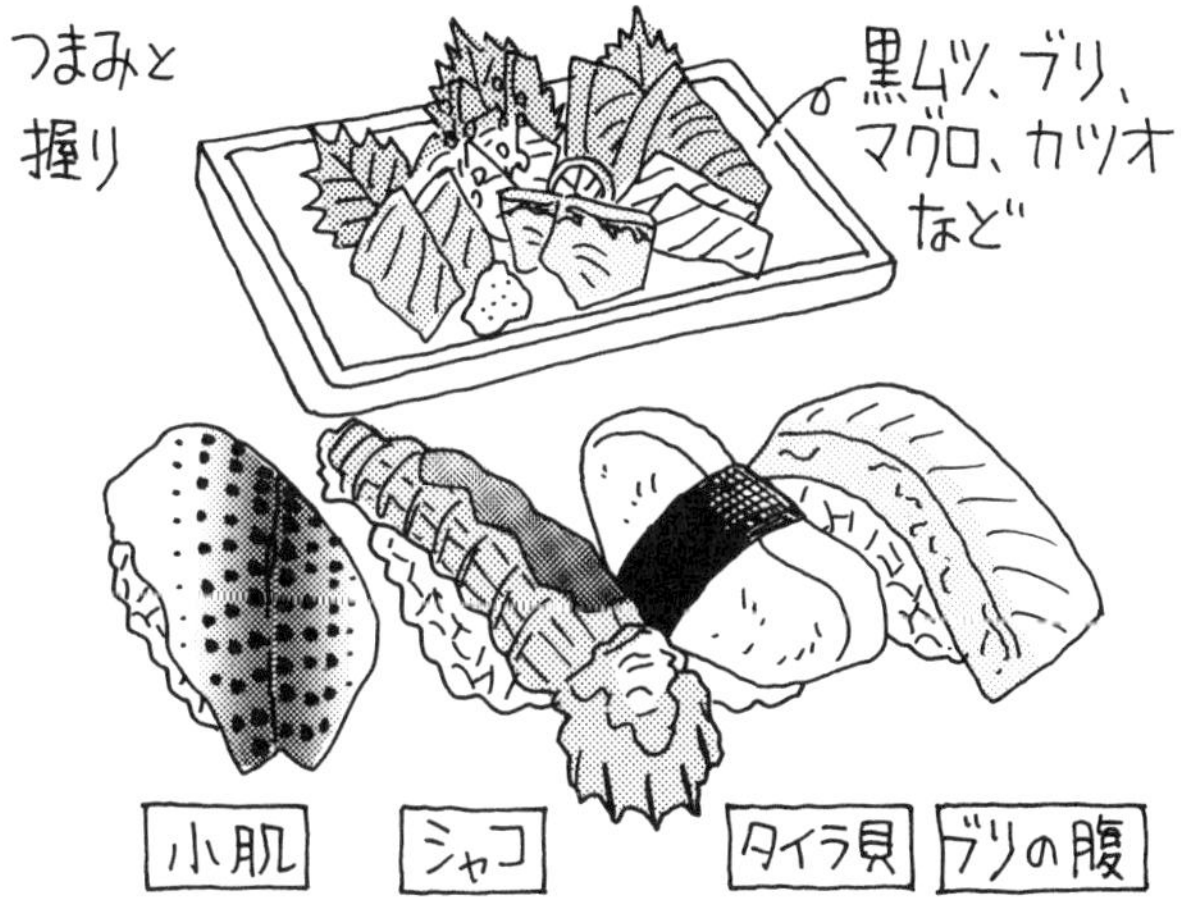

つまみと握り
黒ムツ、ブリ、マグロ、カツオなど
小肌
シャコ
タイラ貝
ブリの腹

て。ブリはこれから冬に向けて、もっと脂がのるんだろうけど、いまぐらいが私にはちょうどいいなあ」
担当「えーと、僕は次、アナゴにします。皆さん、食べますよね？　あと、じゃあ、ここはもう奮発して大トロを、先生とわこちゃんに!!」
わこ「えー！　いや、そんな!!」
　美味しいを連発するわこを前にして、男を見せた担当君。しかし、大トロは高いと思うぞ。ちょっとドキドキする私をよそに、艶々《つやつや》した大トロが運ばれてきた。
わこ「キャーッ、素敵！　綺麗にサシが入ってる。感動で泣きそう～！」
ラズ「私はもう年齢的にトロはしんどいから、わこちゃん、全部食べていいよ」
わこ「わーっ、すごい！　ほんとにトロトロ！　キャーッ！　感動です」
ラズ「こんなに喜んでもらえると嬉しいね。人間、若いときは脂っこいモノが大好きなんだけど、貧乏だからトロなんて注文できない。でも、トロ食えるだけの稼ぎが取れるのって、脂っこいものが食べられなくなってくる、ある程度年齢がいってからなんだよね…」
担当「先生、僕たちにもアナゴが来ましたよ」
ラズ「うん、落ち着くねえ。タレが甘すぎず辛すぎず、美味しいよね」

担当「しかし、若くて寿司に慣れていない女のコを連れてきて、喜んでもらえると、こちらも幸せになりますね」

ラズ「これなら、会社の上司が部下の女のコを連れてきてもいいかもね」

わこ「会社の女のコを連れてくる場合、時間帯が問題ですよ。土日に誘うのは変だし」

ラズ「そうだねえ。じゃ、大きい仕事の前とかは？　昼食や、始業前の朝食でもいいいし」

わこ「始業前にふたりで一緒に出勤したら『あのふたりデキてる』って思われます（笑）」

ラズ「じゃあ、その対策に何人かを同時に誘うということで」
わこ「あーっ、それいい！　たしかにそんなことしてもらったら、向こう3ヶ月は『いい上司だなあ』って思っちゃうかもしれない」
担当「そうだねえ、無茶言われても許すよね」
わこ「上司は絶対やるべきですね。『じゃあ、7時に築地集合』って！」
ラズ「つまり築地の朝寿司は、人間関係を円滑にする効果もあるってことだよね」
最後に鉄火巻きで締めた我々は、朝寿司&朝酒をとことん堪能したのであった。

築地場外で買い食い散歩

さて、2軒目で、朝寿司ワールドを満喫した我々だが、いざお会計の段になって、突然、担当君が固まってしまった…。
担当「せ、先生！　3人で、2万5000円超えちゃいました～（泣）」
ラズ「アハハハ。そりゃそうだよ～。やっぱり、大トロは高いってことだよねえ」
わこ「キャーッ、ごめんなさい！　ワタシ、ふたつとも食べちゃいました」
ラズ「まぁまぁ。あと、あれだよ。お刺身もおまかせだったからねえ。まぁ、これは、たまの贅沢ということで、納得するしかないでしょう。ここでの教訓があるとすれば、〝ネタには気をつけろ〟ってことだよね」
担当「はい」
ラズ「築地はそりゃ、普通の寿司屋よりは安いけど、クオリティは高いから、単価は決して安いわけじゃないんだよね。『安いつもりでバンバン食うとこうなります』っていう、いい勉強になったよね。まあ、美味しかったからヨシとして、ちょっと場外でも歩きますか」
気を取り直して我々は、買い物客で賑《にぎ》わう場外市場をうろつくことにした。時間は11時ちょっと前。

わこ「あら、瀬戸物屋さん」
ラズ「お皿や小鉢などの雑器は、飲食店で需要がありますからね」
担当「あっちの人だかりは、テリー伊藤のお兄さんがやってる玉子焼き屋さんです」
わこ「そういえば築地って、どうして玉子焼きのお店が多いんですか？」
ラズ「それは飲食店が、自分のとこで焼くのが大変だからだよ。ほかにも築地には、ガリとか、煮たアナゴとか、締めたサバとか…なんでもあるよ。手を抜いた営業をしたければ、全部築地で業務用のを買ってこられるんだよね」
店主「どうぞ、いらっしゃい！　とっておきの佐賀海苔が焼きあがってまいりました」
ラズ「おっ、海苔の試食だよ。M屋さんか」
わこ「わーっ、この海苔、ツヤツヤ」
店主「はい。ツヤがあるんです。口に入れていただくとサーッと溶けますが、うまみは残ります。一般のお茶屋さんで1500円ぐらいで売ってるものを、お安く売ってます」
ラズ「じゃあ、ひとつもらおうかな。この値段でこのクオリティって、安いですよね」
　思わず買ってしまった。
店主「豆腐屋の豆乳です。どうぞ、飲んでみてください。パカッと開けて、すぐ飲めます」

ラズ「そうだね、じゃあ3人で1本買ってみようか。どんな味かな？　……おお、ホントに豆腐みたいだ。塩をパラパラッと振りたいね」

店主「あっ、塩ありますよ」

担当「おーっ、塩を振るといいなあ。この飲み方、近々絶対流行ると思いますよ」

わこ「あっ、あっちでは、ビールとウナギが売ってます！」

　ウナギのNでは、ウナギ全般を扱っているようだが、店頭で売られていたビールとひと口サイズのかば焼き串&肝焼き串の3点セット500円を買ってみる。

何か買って帰るかな
ホロ酔い(?)で
場外市場をウロウロ

わこ「あっ、美味しい。このウナギ」
ラズ「ビールも美味いよ。暑いからねえ」

しかし立ち止まっていた我々は、商店街の人に怒られてしまった。別の店の前で止まって、ジャマになっていたのだ。築地の食べ歩きは「立ち止まらないこと」がルールのようである。さらにかまぼこで有名なKで、すり身の磯辺焼きもつまみ食いしてみた。

ラズ「お金がないときは、場外を食べ歩くだけでも楽しいだろうなあ。安いよね」

こうして歩いていくうちに、新《しん》大《おお》橋《はし》通り沿いに出てきた。

締めのラーメンは、回し食いで！

ラズ「いやー、面白かったね」
担当「先生、ラーメンどうですか？」
ラズ「エエッ！　食えといわれれば、食べられるけどさあ。食べたら死んじゃうかも（笑）」
担当「じゃあ、3人で1杯食べますか。美味いらしいですよ。ここ、ラーメンのI」
わこ「わぁーっ！『一杯のかけそば』みたい」
さて、担当君が運んできたラーメンは、昔ながらの醤油ラーメン。しかし、ネギ&メンマにチャーシューなどの具が、思った以上にてんこ盛りでボリュームがある。
担当「このラーメン、最初に1回ネギとコショウを入れて、麺を入れてから、またネギとコショウ入れてましたよ」
ラズ「なるほどね。では、回し食いといきますか」
3人でどんぶりを回しつづけ、最後に担当君がつゆまで一気飲みして完食した。
担当「いやーっ、美味しかったですね。では、最後にコーヒー、どうですか？」
担当君に案内されたのは、レトロなビルの2階にある喫茶店Mであった。

担当「今日は、築地を久しぶりに歩いてみて、いかがでしたか?」
ラズ「そうだねえ。まず、人が段ちがいに多くなってたねえ。ある程度はテレビで見たりして知ってるつもりだったけど、実際に歩いてみて、よくわかったよ。観光客の数がちがうし、昔と比べて、受け入れ態勢もしっかりしてきてるみたいだった」
担当「僕は築地の場内を歩いてみて、思っていた以上に狭かったことに、驚きました」
ラズ「うん。初めて来た人は、みんなそういうね。ただでさえ狭いところに、外国人まで含めて観光客が山ほど来ちゃってる。昔の築地を知っ

てる私としては、ある意味で移転を考える流れというのは避けられないのかな、とも思いました」

担当「そうですね。ほかに気づかれたこととか、ありますか？」

ラズ「やっぱり場外のほうが、外から来る人向けなので、受け入れ態勢があるよね」

わこ「お値段も、とっても手頃で」

ラズ「しかも試食も充実してるから、お金のない学生さんとかは試食をメインに遊びにきても、十分楽しめる（笑）。ちなみに、みんなが今日、印象に残ったことって何？」

担当「僕はタイラギがはじめてで」

ラズ「なるほど。あれはね、有明海のほうで獲れるんだよ」

担当「へえ。それが江戸前寿司に」

ラズ「魚は一般家庭で食べようと思うと、アジとかサバとか、決まりきったものしか食べられないからね。だから、美味しいものを食べようと思ったら、絶対に築地はいいよね！」

わこ「なんか今日、私はちょっとした旅行をしてる気分でした」

ラズ「それはあるね。小旅行だよ」

こうして我々の、朝呑みはしご酒企画は、めでたく終了したのであった。

第3章 築地朝飲みまとめ

ちょっとした旅行
気分になれる築地巡り。
朝から寿司をおごれば
女のコにもモテるはず！

お会計

		（3人分）	（1人あたり）
1軒目	食堂H	6600円	2200円
2軒目	I寿司	25000円	8333円
3軒目	ラーメンI	650円	216円
	合　計	32250円	10750円

ミスター Mr.ワンコイン②

ギー
さーて
いずれも
オレの昼メシの
鉄則
ワンコインで
おさまるが
しかし
公園で食うと
なると…
500
ホカ弁の
メニューには
200円台
300円台
400円台
500円台と
あるが
幕の内弁当500円 ハンバーグ弁当450円 から揚げ弁当390円 のり弁当290円
お茶なし
というのは
いかにも
しんどい
ウプ
お茶は
150円
120円
100円の
3種類
ペット大
ペット小
缶
400円台や
500円の
弁当は
そりゃ
魅力的
だが
お茶を
つけると
なると
これらの
高価格帯は
圏外だ
ブ〜ッ
黒酢豚弁当 490円
しかし
今日の
腹のへり
具合から
して
300円台は
ぜひとも
死守したい
よし決定
!
おきまりですか?
シャケ弁当
と
缶のお茶

490円に なりまーす
ホイ ホイ
390円
+100円
490円
ふはははは― 今日も めでたく ワンコイン
ラッキー いい場所 空いてたぞ
ぱか
ハロー シャケ弁 ちゃん
シャケ弁は ホカ弁の メニューの中でも 相当好きな 部類だ
ここの シャケ弁は シャケの他に 白身魚の フライも 入ってる しな
あらかじめ 白身魚に ソースを
チクワ天に しょうゆを かけて
まずは お茶を
ひと口
グビ
では
いただき マース

『Mr. ワンコイン』②＝おわり＝

第4章 おでん

突撃！はしご呑み

冬の足音が聞こえはじめた11月某日、我々は東京・銀座《ぎんざ》に集合した。今回、挑戦するのは「おでん」である。関東風と関西風で、味が大きくちがうおでんだが、最近では「静岡の黒おでん」を筆頭に、地方色豊かなものも登場してきている。そこで我々は、平成おでんの最新事情を探るべく、覆面&突撃取材を敢行した。

東西で異なる「おでん」文化

担当「さて、今日は銀座でおでん巡りをやろうと思うんですが、まずは正統派関東風おでんで、舌ならしといきましょう」

我々は晴海《はるみ》通りを歌舞伎座《かぶきざ》方面に向かって歩き、大通りの真下にある地下飲食街に入ると、「おでんJ」の引き戸を開けた。早速、奥のテーブルに陣取ると、突き出しにロールキャベツのおでんが運ばれてきた。

ラズ「1杯目は、ビールがいいんじゃないかな。ビールを大瓶で2本ぐらいにしようか」

担当「はい。わかりました。おでんは、何を注文しましょうか」

ラズ「今回の取材では、お店の味の定点観測に、大根《だいこん》をチェックしてみようか?」

担当「いいですねえ。じゃあ大根と、僕はちくわぶがいいな」

わこ「じつはワタシ、ちくわぶ食べたことないんです。ワタシの出身の山口県では、ちくわぶがなかったと思うんですよね…」
ラズ「うん。西のほうにはないんだよ、ちくわぶって。ぜひ食べてごらん。あと、はんぺんも関東と関西ではちがって、静岡の黒はんぺんみたいなのが、関西でいうはんぺんで…」
わこ「そうなんです！　だから初めて東京に来たとき、コンビニのおでん鍋の中に、丸くて白いものがプカプカ浮いてて、『何なのコレ！』って驚いて…」
担当「衝撃的だったんだ（笑）」
ラズ「わこちゃん、ちなみに、この

1軒目 三原橋地下街
おでん
RIN
銀座4丁目交差点
から目と鼻の先なのに
このたたずまい

お品書きに書かれている『魚《うお》すじ』とかわかる？」
わこ「じつはこれも、何だろうって思ってて…」
ラズ「一般的に関西で『すじ』といえば牛すじなんだけど、関東では魚のすり身のことを『すじ』というんだよね」
担当「へえ。ずいぶんちがいますねえ。ほかにも関西独特のモノって、ありますかね？」
ラズ「うん。鯨《くじら》のコロも、関西おでん独特のタネだよね。鯨の皮をゆっくり揚げたコロは、ゆっくり揚げることで、余分な脂《あぶら》分が出ていくんだ」
　まず最初に注文したのは、関東色豊かな、ちくわぶ、魚すじ、はんぺんに、定番の大根、そして店のオリジナリティが感じられる、大がんもとえび団子だ。
ラズ「じつは私、山形でおでんを外で食べたことって、ないんだよね。山形には高校までしかいなくて、あとはずっと東京暮らし。だから、実家でおでんをおかずにごはんを食べたことはあるんだけど、あまりよく覚えてないんだよね。ただ、その当時から『おでんはごはんのおかずになるのか？』って、素朴に疑問に思っていたんだ」
担当「たしかに、おでんは微妙ですよね。おかずで出す家庭もありますけど。先生は『おでんはおかずではない』という考え方ですか？」
ラズ「うん。私はやっぱり、おでんは飲み屋で、つまみとして取るものだと…」

担当「では、酒のつまみとしてのおでんってのは、どういう存在なんでしょう。1軒目から、いきなり頼むものじゃないような気もしますが」

ラズ「私の場合、『今日はおでん食べたいな』という気分のときは、迷いなく頼むけど、『この店、おでんもあるなあ』というときは、最初には食べないよね。だから、そういう店に入ったら、まずは刺身とか食べて、やっぱり最後におでんを食べたい」

存在感抜群の巨大はんぺん

早速、おでんが運ばれてきた。そのなかでいちばん存在感を発揮していたのは、ダシ汁をたっぷり吸って巨大化したはんぺんである。

ラズ「あれ、ずいぶんダシの色が薄いな。前にこの店に来たときは、もっと濃かった気がしたんだけど…」

担当「たしかにちょっと薄いですね。関西風のうどんダシを、濃くした感じっていうか」

わこ「関東風って、どれぐらい濃いんですか？」

担当「ブリ大根のダシと同じくらい、濃い色だよ」

わこ「えー！　信じられない（笑）」

ラズ「でも最近、おでんのダシは、関東風より、関西風がブームだよね。コンビニのおでんも、ダシの色は薄いし…」

担当「最近の傾向を受けて、薄くなったのかも。とにかく、さあ、食べましょう」

わこ「まさか、切り分けるんですか？」

担当「もちろんです。ひとり1個食べてたら、あっというまに満腹になっちゃうからね」

担当君は、お玉《たま》を使って、はんぺんを等分に切りわけはじめた。

ラズ「このはんぺん、大きいな。三角形だから、元はこの倍の大きさがあって、半分に切ったんだろうなあ」

わこ「ワタシの手と同じぐらいの大きさはあります」

担当「さあ、どうぞ、どうぞ」

ラズ「美味い！　ふわっとしてて頼りない感じだけど、そこがいいんだよね（笑）」

わこ「違和感あるなあ。これが、はんぺんなんて」

担当「我々関東人には、この噛むまでもなく、とろけるような感じがいいんだよ」

ラズ「次は、わこちゃん初挑戦の、ちくわぶです」

わこ「いただきます！　ん？　なんか、ネチャッとしてますね」

担当「それは、よく煮えてるからなんだ」

ラズ「味もしみてる。でも私は、ちくわぶは、もっと白くてもいいなあ」
わこ「へえ、これは、味がしみてこうなったんですか。えっと、ちくわぶって、歯ごたえとかないんですか？」
ラズ「いや、元々はとっても歯ごたえがあるものなの。それがよく煮えてるから、柔らかくなってるの。意外と美味しいでしょ？」
わこ「はい。トロッとした食感で、結構イケます」
ラズ「大根は…うん、しみじみ美味いなあ」
わこ「先生、魚すじって、このハムみたいなのですか？」

ラズ「そう。鮫《さめ》の軟骨にでんぷんとかが入ってて、食べるとまたちがう食感で美味しいよ」

わこ「アッ、ホントだ。ザクッとした食感です」

ラズ「がんもは、お品書きに『大がんも』と書いてあるだけあって、さすがにデカいな」

担当「でもコレは、切りわけやすいです。問題はえび団子だな」

わこ「小さいですからね。中身はえびのすり身なんでしょうか?」

えび団子はピンポン玉大の大きさだが、割ると中にえびのすり身が入っていた。

東京おでんは「野菜」がキモ

ここで酒は日本酒に切り替えた。追加は、袋、しらたきの2品と、あとはわこちゃんに見つくろってもらうことにした。わこちゃんが選んだのは、さつま揚げと厚揚げ。ところが、この店のさつま揚げはこれまたデカい!

担当「さすがに袋は切れないので、先生、どうぞ」

ラズ「じゃあ、遠慮なく」

わこ「袋もお好きですか?」

ラズ「じつは袋には2種類あってさ。『巾着《きんちゃく》』っていうのにはお餅しか入ってないの。で、袋のほうは、中身にお店ごとに特色があって面白いんだよ」

担当「なるほど、ここのは、どうですか?」

　割ってみると、中から刻んだ野菜と、鳥のひき肉のようなものが出てきた。

ラズ「いただきまーす。…ん? これ、もしかしたらロールキャベツかも。お通しとかぶったかな(笑)。でも、この厚揚げ、美味いよ。ほどよく脂分が抜けてて、周りが揚げてあるから歯ごたえもある。これはい

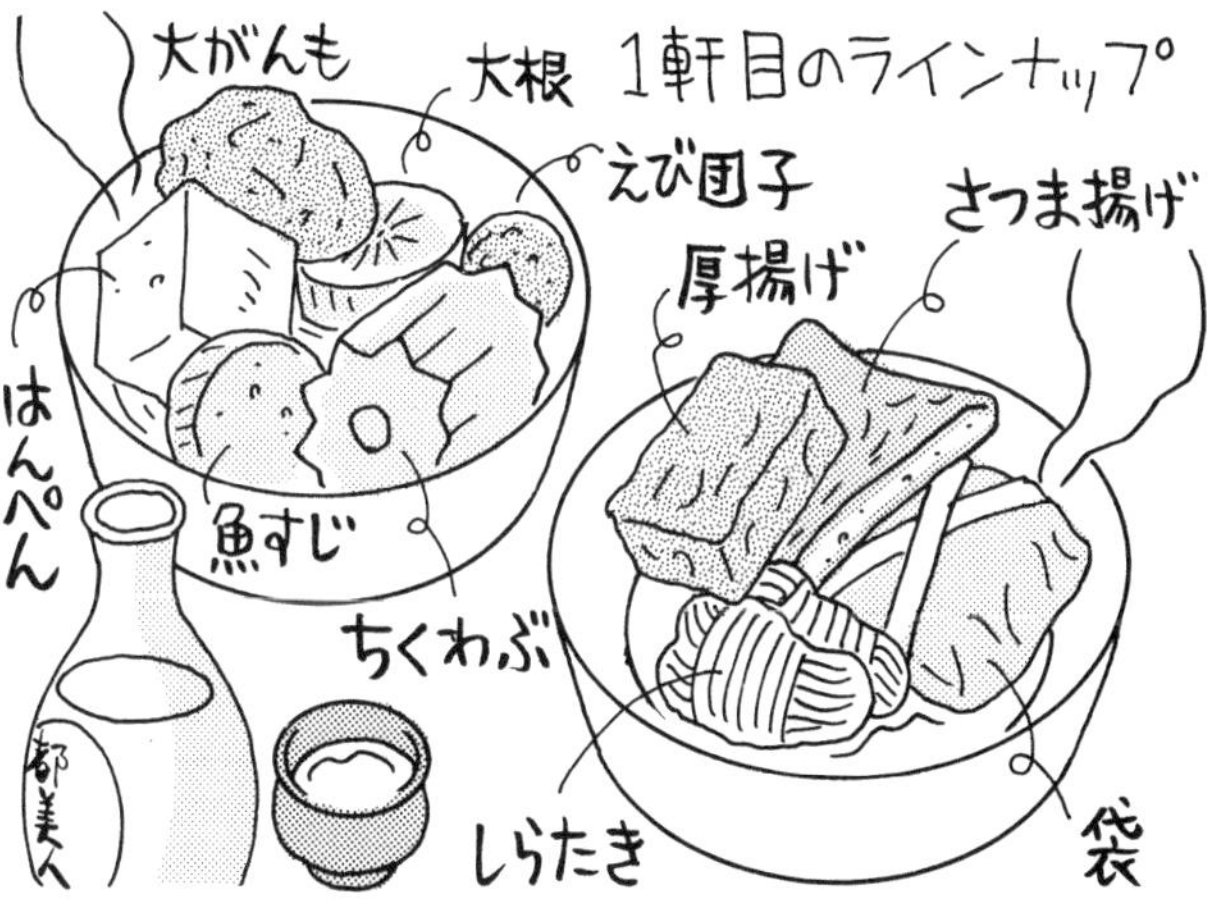
1軒目のラインナップ
大がんも
大根
えび団子
さつま揚げ
厚揚げ
はんぺん
魚すじ
ちくわぶ
しらたき
袋
都美人

いね。美味しいよ」
担当「そういえば、先生は、たまごは召しあがらないんですか？」
ラズ「子どもの頃は好きだったけど、最近はなあ。もたれてノドにつかえそうだし、割ると黄身がダシに溶けるじゃない」
わこ「あ、それ、ワタシもなんか嫌です」
ラズ「黄身が溶けたダシをごはんにかけると美味いんじゃないかっていうのは、以前『酒のほそ道』で、主人公の宗達《そうたつ》にやらせたことがあるけど…」
担当「1軒目から、結構いっぱい食べちゃいましたけど、どうでしたか？」
ラズ「厚揚げが大ヒットだった。わこちゃんは？」
わこ「ワタシはやっぱり、ちくわぶが衝撃的で」
ラズ「ちくわぶは、異色な素材だよね。関東というより東京の食べ物だし、東京のおでんの特徴のひとつといえるかもしれない。それで今日、改めて思ったんだけど、やっぱり東京のおでんは、大根とかじゃがいもなどの野菜の味が、とっても大事にされているよね。これが関西だと、牛すじとかタコとかが入ってきちゃうから、薄味とはいえ、ダシの感じがちがう。たしかに動物性のタネのほうが、より強いダシを出すんだろうけど…」

ガード下で〝屋外飲み〟！

さて、1軒目を出た我々は、次にJR線の「ガード下」へと向かった。到着したのは、「小料理屋K」。じつはここ、夏場は店の前に椅子とテーブルを出して、屋外でおでんが食べられるのだが、この日はさすがに寒かったため、そんな用意はされていなかった。そこで女将《おかみ》さんに無理をいって、オープンエアに席をつくってもらった。

ラズ「お酒飲んで温まってるから、外の空気がちょうどいいけど、これ以上寒くなっちゃうと、外で飲むなんて無理だよね」

担当「ここは鍋の中を見ながら、おでんを選べるので、ぜひ見にいきましょう」

早速、店内に入っておでん鍋を覗く。鍋の中には、タネがぎっしり詰まっている。ダシは、1軒目よりはちょっと濃いめ、という感じの関東風だ。

担当「まずは大根と、あとは何かな」

ラズ「ここは1軒目にはなかった、肉系のタネもあるみたいだね」

わこ「牛すじ、ホタテがあります」

ラズ「それから、ゲソ揚げが、おでんダネになっているよ。あと、私は銀杏《ぎんなん》も食べたいな」

担当「いいですね。それから、うずらと昆布《こんぶ》も頼みましょう」

酒は熱燗《あつかん》。さらに、つけダレ用に、田楽《でんがく》味噌も注文することにした。

歯ごたえ抜群のゲソ揚げ

しばらくすると、おでんが運ばれてきた。大根、はんぺん、ゲソ揚げ、銀杏、牛すじ、ホタテ、うずら、昆布…とにかく山盛りである。

担当「では、皆さん。まずははんぺんから、いただきましょう」

ラズ「はい。じゃあ、私は、この田楽味噌のタレをつけて食べてみよう」
わこ「先生、田楽の味噌をつけたはんぺんの味は、いかがですか？」
ラズ「うん、美味しい。甘くて、まさに赤味噌って感じの味噌だね」
担当「ゲソ揚げは、結構歯ごたえありますね、硬いです」
ラズ「ふつう、おでんのタコは、ずいぶん柔らかくなるまで煮込まれるけど、このゲソ揚げは衣つきだけあって、歯ごたえがかなりしっかりしてる。噛めば噛むほど、味が出ます」
担当「そういえば、おでんに入れたらダメなものとかって、あるんでしょうか？」
ラズ「どうかなあ。野菜は大体、何を入れても美味しいような…。でも、セロリみたいな香りが強い野菜は、やめたほうがいいかも」
担当「それから、ナスみたいな柔らかい野菜も、おでんに入れて美味しいという感じはしませんね。ニンジンはどうでしょう？」
ラズ「私はニンジンが入ってるのを、見たことあるけどね。ニンジンは、癖があるようでない野菜だから、意外といいんじゃないかな」
担当「あと、先生がお好きなゴボウ。根菜《こんさい》系も合いますよね」
ラズ「うん。いいよね。おでんは煮込めば煮込むほど、中に入れられた具材が、お互いにダシを出しあって美味しくなる。あっ、そういえば今日、まだ私の大好きなゴボウ巻き頼んでないな。あのホッコリした食感が好きなの」

担当「あ、僕もじゃがいも食べたかったんだ（笑）」

わこ「ワタシはもう1回、ちくわぶが食べたいです」

担当「じゃあ頼んできてよ。お酒も、もう1本！」

おでんのちくわぶは極太ペンネ!?

わこちゃんが注文に立ったとき、団体客がやってきた。団塊の世代と

思われる7人組で、もう一杯ひっかけてきたらしく、全員ほろ酔い加減だ。私たちは、女のコがいるからか、少し冷やかされたりもしたが、これもガード下のオープンエアならではのハプニングか。

ここで、追加注文したちくわぶ、じゃがいも、ゴボウ巻きが運ばれてきた。

担当「まず、ちくわぶから切りましょうか」

ラズ「さっきの店よりは、煮えてないみたいだね」

担当「たしかに、そうですね」

ラズ「あー、でも、私はもう一段階、煮えてないやつも好きだなあ。こうなると、固いちくわぶが食べたくなってくる～（笑）」

わこ「そっかあ。これでも煮えてる状態なんですねえ。皆さんがおっしゃってる、固めのちくわぶ、食べてみたいです」

ラズ「そういえば、ちくわぶって、いろんなものの旨味は吸って美味しくなるんだけど、ちくわぶ自体は何もダシを出さないよね」

わこ「ズルイですね。でも、そう聞くと、ちくわぶって、太いうどんみたいですね」

ラズ「うん。太いうどんとかペンネみたい。合わせるものによって、味が決まるんだよ」

担当「ハイ。先生の好きなゴボウ巻きです。お味はどうですか？」

ラズ「よく煮えてるけど、ゴボウの風味は残ってて、いいです」
担当「では、僕は、じゃがいもを。おっ、柔らかすぎず硬すぎず、ちょうどいい煮え具合」
ラズ「あ、このじゃが、メークインだね。やっぱり男爵《だんしゃく》じゃ、煮崩れしちゃうんだろうな」
わこ「担当さん、昆布もどうぞ」
担当「先生、ホタテをどうぞ。このへんは切り分けられませんからね」
わこ「ではワタシは、牛すじの残りをもらっちゃいます。牛すじって、プルプルしてて美味しい。コラーゲンも摂《と》れますね。そういえば昆布もお肌にいいんですよね」

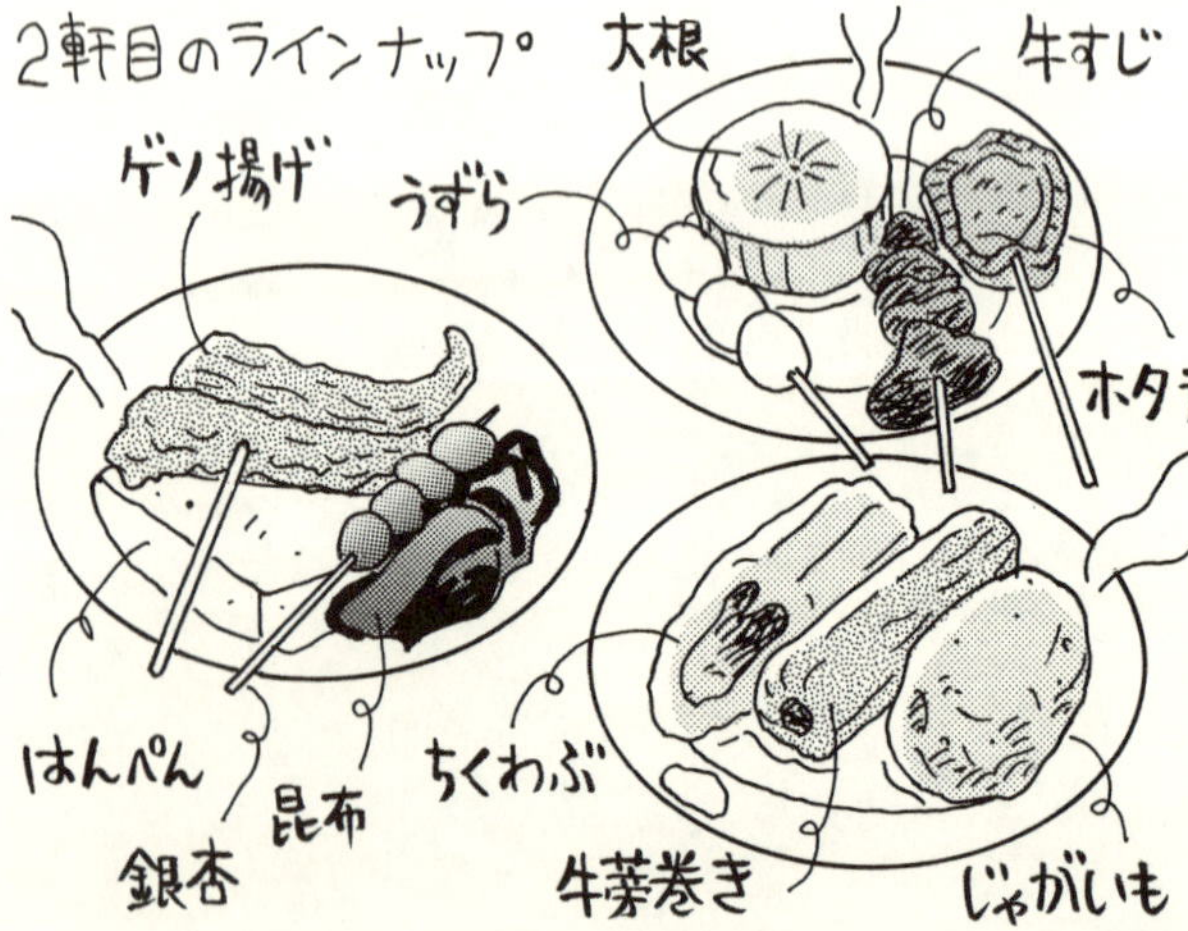
2軒目のラインナップ
大根
牛すじ
ゲソ揚げ
うずら
ホタテ
はんぺん
昆布
銀杏
ちくわぶ
牛蒡巻き
じゃがいも

担当「ゴボウも繊維質だから、身体にいいよ」

ラズ「こうしてみると、ひとつひとつの具材が身体にいいというのも、おでんの特徴なのかもね。練り物を食べすぎるとカロリーオーバーになるかもしれないけど、それにしたって元は魚のすり身だから、ヘルシーだよね。うん、このホタテも、美味い。ホタテがおでんに入ってるのは、変わってるよね。銀杏は一瞬、茶碗蒸しに入っている銀杏みたいに感じたけど、よく噛むとダシの味がしてきた」

わこ「ワタシ、うずらのたまごも、いいなあと思いました。食べやすくて」

ラズ「うずらだったら、割ると黄身が崩れるという問題が解決されるわけだよね」

静岡風おでんに挑戦！

2軒目を後にして、ふたたび銀座方面に戻ってきた我々は、ここでご当地おでんの代表格、「静岡おでん」を体験するため、「L」に入った。

担当「最後は静岡おでんに挑戦しようと思いますが、お召し上がりになったことは?」

ラズ「まだないんだよね。どういうものかは知ってますよ。串に刺さってて、青ノリがふってあるんでしょ? あと、黒はんぺんが有名なんです」

担当「皆さん。お店のほうから、今日はもう夜も更《ふ》けて、具材も減ってきてるので、おでんは盛り合わせで注文してほしい、ということなんですが」

ラズ「そう。じゃあ、好みのものを一応いっておいて、盛り合わせてもらいましょうか」

酒は、私と担当君がビール、わこちゃんは、生レモンサワーを頼むことにした。ご当地メニューが豊富な店なので、甲府《こうふ》鳥もつ煮、馬刺し、あわびの煮貝も注文する。

担当「それでは、お疲れさまでーす」

運ばれてきたものは、我々がイメージしていたものとはちょっとち

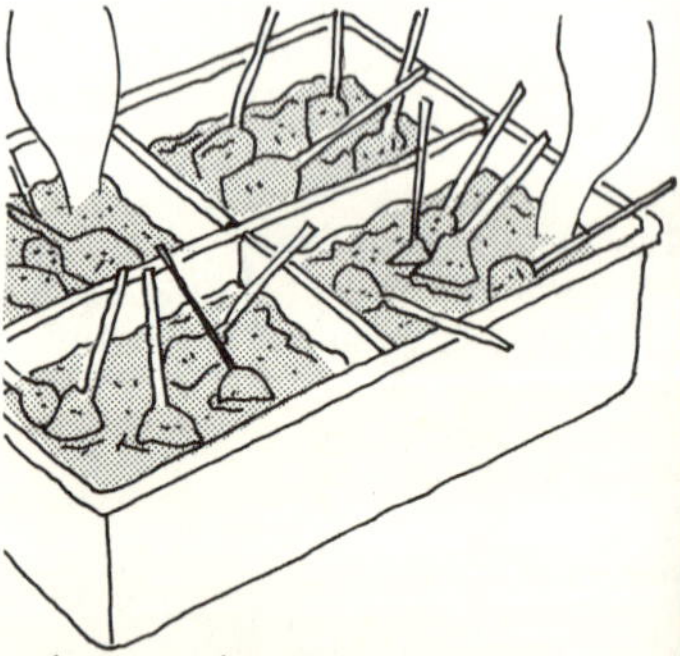

3軒目の静岡おでんはすでに鍋の中身が少なくなって…

がっていた。おでんが串に刺さっていて、鰯《いわし》の粉がふりかけられているところはたしかに静岡風なのだが、濃いめのダシのさらに上から、タップリ味噌ダレがかけられている。また、青ノリもない。

担当「ここのおでんは、静岡県内では著名な某店のおでんを忠実に再現したものなんだそうです。その店の秘伝の味噌ダレを使ってるそうです」

ラズ「へーえ。静岡おでんにもいろいろあるんだなあ」

わこ「そういえば先生、静岡おでんの始まりって、いつ頃なんでしょう?」

ラズ「大正時代ぐらいって説もあるらしいけど」

わこ「静岡って海のイメージがありますけど、この店のおでんはずいぶん肉が多いですね」

担当「ホントだ。このメニューにも牛すじと、豚モツ、鳥つくね…」

ラズ「静岡おでんは、このモツ系が入るのも特徴であるらしいんだよ。そもそも昔はあまり需要のなかった牛や豚のモツを煮込んで、そこにご当地特産品の黒はんぺんとかを入れたのが、静岡おでんの発祥だっていう話を聞いたことあるなあ」

担当「そうか。それで肉が露骨に入ってきてるんですね」

ラズ「東京おでんの感覚だと、肉は入ってないよね。入ってても、せいぜい片隅に牛すじくらいでね。東京おでんは江戸時代発祥のものだから、基本的には肉は入ってないんだよ。幕末はともかく、江戸時代の日本人っていうのは、ほとんど肉は食べてないわけだから」

担当「肉が入ると、西洋の煮込みっぽい感じですね」

わこ「たしかに、こってりしてます」

担当「そういえば関西の人って、おでんのことを『関東煮《かんとだき》』とかっていいますよね」

ラズ「うん、そうだね。関西でおでんというのは、元々は田楽なんだよね。豆腐とかこんにゃくに味噌ダレを塗ったものを、串に刺して食べる

…」

わこ「へえ～、おでんの〝でん〟は、田楽の〝でん〟だったんですか」

ラズ「そもそも田楽は『田楽舞』が語源なんだ。この踊りは、木の棒に足場をつけた竹馬みたいなのに乗って、水田で踊るんだけど」

担当「あと、このおでんのように、串に具材を縦に刺すのを、田楽刺しっていいますよね」

わこ「おふたりとも、物知りですねえ」

ラズ「不思議なのは、なぜ東京で、ダシでいろんな具を煮たものを、おでんと呼ぶようになったのかだよ。おでんって、よく見ると、わりと田舎《いなか》臭い食べ物だよね。そこでひとつの推理なんだけど、豆腐とかこんにゃくを串に刺した田楽は、いまでも茶店とかにあるじゃない。これはおやつの感覚なんだよね。でも、この東京スタイルのおでんは、屋台で出すとき酒と一緒に売っていたらしいんだ。ということは、東京おでんはその出自からして、酒のつまみなのではないか。メシのおかずではないんじゃないか、と！」

わこ「おーっ（拍手）。先生、1軒目から主張されていた『おでんはおかずじゃない』説が、いよいよ確実になってきましたね」

担当「ところで、おでんのお味は、どうですか？」

わこ「えーと、盛り合わせは厚揚げ、大根、黒はんぺん、豚モツ、牛すじ、えび団子、ゴボウ巻き、たまごの8種類が入ってましたけど」

ラズ「うーん…。この味噌味だと、ゴボウ巻きのゴボウが際立たないんだよねえ。なんというか、味噌味だとメシのおかずにはなりやすいんだけど、みんな同じ味になっちゃうんだ」

わこ「たしかに。1軒目や2軒目のほうが、いろんな素材の味がわかりました」

ラズ「東京風は素材の味を生かすものってことで、あの味付けなんだな。いくらダシが黒いといっても、醬油の色が濃いんであって、味としてはちょっと薄い印象でしょ。ということは、考えれば考えるほど、東京風はおかずじゃないよね。でも味噌ベースだと、おやつやおかずになる。江戸時代の屋台の寿司も、小腹を満たすためにつまむものだったし」

わこ「エッ、昔はお寿司って、ごはんじゃなかったんですか？」

ラズ「どうも、そうらしいんだよね。ごはんとごはんの間にちょっと食べるもの。だから、江戸時代の握り寿司の大きさは現代のものよりも大きくて、ふたつくらい食べると、それなりに満腹感が得られたみたいです」

東京おでんは酒の「つまみ」
そしておでんは味の〝総合芸術〟！

2杯目は、静岡の地酒「磯自慢」をふたつと熱燗を頼むことに。

担当「そういえば、おでんには熱燗なのか、冷やなのか、というのも考えたいところですが」

ラズ「おでんは、冬に美味しいツマミだからね。シチュエーション的には熱燗が似合うけど、その日の気温と気分にもよるなあ」

わこ「ビールも当然、合いますよね？」

ラズ「うん。あとハイボールもいいし、焼酎も大丈夫だよね」

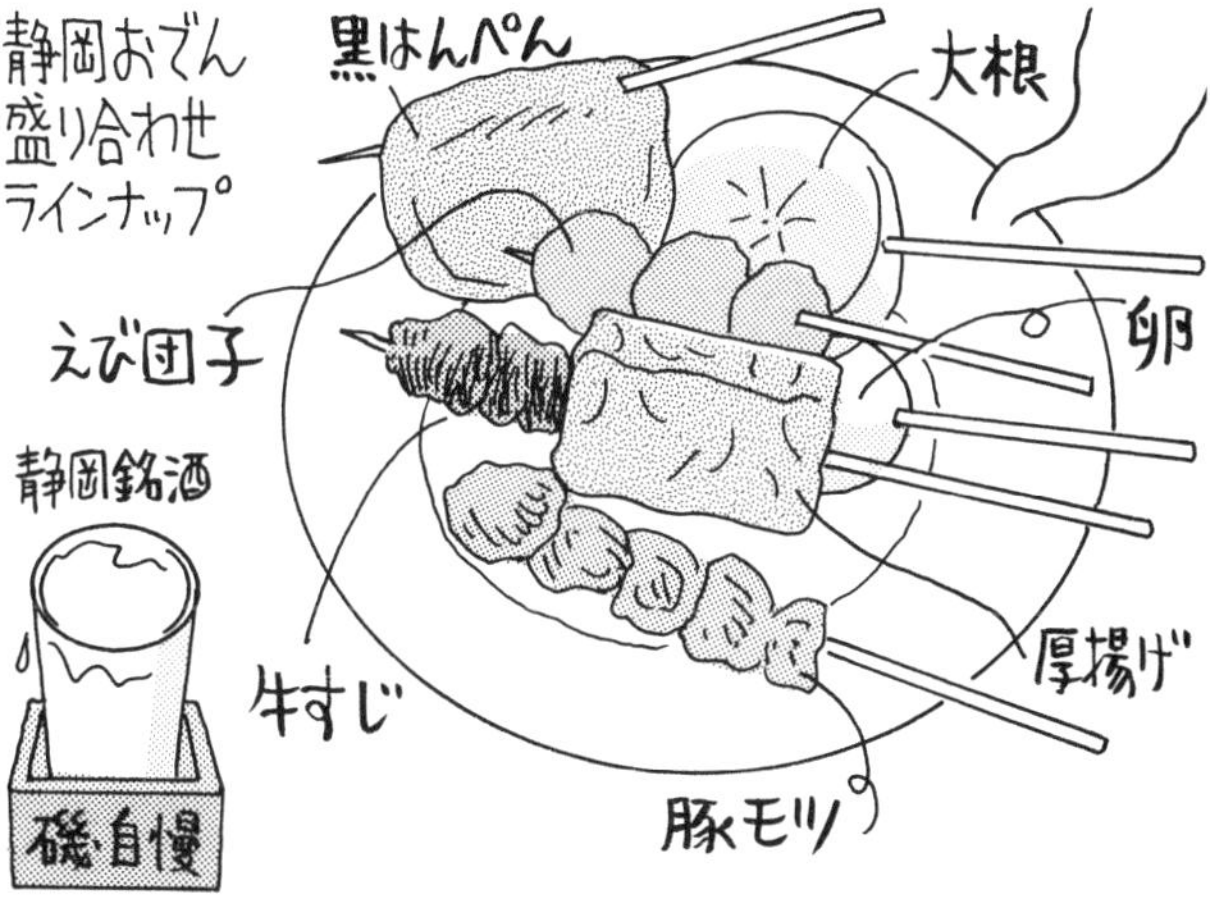

静岡おでん
盛り合わせ
ラインナップ
黒はんぺん
大根
卵
えび団子
厚揚げ
牛すじ
豚モツ
静岡銘酒
磯自慢

わこ「ワインはどうですか？」
ラズ「煮込み風の味噌おでんなら、ワインも合うんじゃないかな。ボジョレーヌーヴォみたいな、軽い赤が合いそうだよね」
担当「ボジョレーが合うとなると、セブンイレブンで完結しちゃいますね」
ラズ「ああ、そういわれれば、そうだね（笑）。コンビニで、おでんとボジョレー買って、土曜の夕方とかに一杯飲めば、なかなかいい休日になりそうだな」
担当「それでは先生、おでんとは何ぞや、という結論をお願い致します」
ラズ「そうだね。おでんというのは、

この日一番気に入ったネタは？
ラズ
牛蒡巻き
じゃがいも
担当
厚揚げ
わこ
次点
ちくわぶ

いろんな具材を鍋に入れて、お互いがダシを出しあいながら吸収しあい、みんなでひとつの味をつくりあげる煮込み料理、ということがいえるんじゃないかと思います」

担当「おお！　すごくきれいにまとまりましたね。味の総合芸術って感じでしょうか？」

わこ「なんかカッコイイですね（笑）」

ラズ「それから、インターネットみたいなもの、ともいえるんじゃないかな。1個1個のタネは独立してるんだけど、ダシ汁というネットワークでつながってるというか」

わこ「具材のネットワークですか？」

ラズ「鍋の中ではみんな平等でしょ。主役はひとりとしていないというのが、おでんのいいところ。タネの全員が、主役であり脇役だよね」

担当「いろんなタネが、みんなでひとつの味をつくり上げているものを、我々としてはおでんと呼びたい、という感じですかね」

ラズ「そうだね。あと、少なくとも東京風おでんは、酒のつまみだということを、くどいほどに主張したいね（笑）」

こうしておでん談義は、夜通しつづくのであった。

第4章 おでんまとめ

おでんは、ごはんのおかずではなく、酒のつまみ。私はゴボウ巻きが一番好き!

お会計

		（3人分）	（1人あたり）
1軒目	おでんJ	6500円	2166円
2軒目	小料理屋K	5400円	1800円
3軒目	居酒屋L	9500円	3166円
	合　計	21400円	7133円

Mr.《ミスター》
ワンコイン③
特製
カレー
並350円
大450円
今日の昼はカレーが食いたい
カレーが食える場所はいろいろあるが
レストラン
専門店
カレー専科
インド料理店
満腹食堂
コストパフォーマンスや居心地などから
オレはやはり牛丼屋のカレーが好きだ
牛丼 松野屋
焼肉定食
牛丼 松野屋

カレー
大
450円
〈領収書〉
大盛りカレー
お待ちどうさま
きた きた
カレーを食べるにあたってはいくつかの注意点がある
まずひとつめはカレーの飛沫で
サラリーマンの命たる白いワイシャツを汚さぬようにすること
カレーの黄色い染みは致命的だもんね
ムグムグ
でも まぁ カレーうどんに比べると
カレーライスははるかに御しやすいけどね
次なる注意点は

カレーとご飯の配分である
カレーだけ残っても
ご飯だけ残ってもイヤ
カレーとご飯がぴったり同時になくなるのが理想だが
これがケッコー難しい
そこでオレはある程度食べたところでカレーとご飯を全部混ぜることにしている
こうすると最後までバランスよく食べられるし
混ぜたればこその美味さも味わえる
ところでこの頃
カレーのことを「ルー」と呼ぶ風潮があるが
ルーがめっちゃおいしー
絶品カレー
ルーとはこれのことであり
「カレー」または「カレーソース」と呼ぶべきである
さてみっつめの注意点は
最後に残った数粒のご飯をいかにスプーンですくうかということ

『Mr. ワンコイン』③＝おわり＝

私の理想のはしご呑み1
一軒目
ビール
ポテサラ
ハムカツ
カキフライ

第5章 東北おつまみ

突撃!はしご呑み

2011年3月11日、東日本大震災が起こった。被災された皆さまには、謹んでお見舞い申し上げます。私自身も山形県の出身。同じ東北出身者として、被災地を盛り立てたいという気持ちがあります。そこで今回は、東京にある東北の物産館を回り、岩手・宮城・福島の名産品をゲットして食べ比べるという企画を行った。

岩手の物産館でお買い物

担当「今回は、東銀座にある『いわて銀河プラザ』での買い物から始めます。福島と宮城の物産は、僕が昨日、『福島県八重洲《やえす》観光交流館』(東京)と、『宮城ふるさとプラザ』(池袋)で買ってきました。先生は物産館って、よく来られますか?」

ラズ「じつは他誌で、南部《なんぶ》せんべいの特集をしたときに、この『いわて銀河プラザ』で大量に買ってきてもらったことがあるんだ。でも、来たのは初めてだなあ」

わこ「そういえば、南部せんべいって、岩手の名物なんですよねえ」

ラズ「うん。八戸《はちのへ》せんべい汁も有名だけど、岩手の北側の地方でも昔から郷土料理として食べられているんだ。ちなみにせんべい汁は天保《てんぽう》の飢饉《ききん》の頃に八戸藩内で生まれたという説があって、いま、せんべい汁を食べている地域は、昔の八戸藩領内に該当《がいとう》するんだって」
担当「へえ、知りませんでした。ところで南部せんべいは、酒の肴に向いてるんですか?」
ラズ「じつはせんべいは、せんべい汁用と普通用の2種類があって、せんべい汁に使うごま味のやつとかは、お酒に合うんですよ。あと、南部せんべいの端っこのほうだけを集めた『せんべいのみみ』というのがあって、これが意外とイケるんだよね」
早速、店員さんに訊《き》いてみると、何と「みみ」は隠れた人気商品で、かろうじて4袋が残っていた。そこから素早く1袋をゲットした担当君は、今度は乾物《かんぶつ》コーナーへと向かう。

担当「あと、これなんかどうですか?」
わこ「何ですか。『焼きまつも』?」
担当「はい。三陸《さんりく》地方でよく獲れる海藻らしいんです。コレって先生、ご存じでした?」
ラズ「いやあ、知らないなあ。『海の野菜』って書いてある。これはぜひ食べてみよう」
こうして商品を買いこんだ我々は、この本の出版元である実業之日本社の会議室で試食会をすることにした。

東北の名産品、大集合!

担当「それではまず、先生が考える東北のおつまみの特徴を教えてください」
ラズ「やっぱり、塩辛いってことでしょう(笑)。ほら、その漬け物とか、食べてみてよ」
わこ「(少し齧《かじ》って)あーっ、しょっぱい! これだけで、ご飯が1膳《ぜん》食べられます」
ラズ「ね(笑)。これでも昔よりは、ずいぶん塩辛くなくなったんだけどね。だから今日は、相当塩分とると思うよ。最近は東北地方も減塩志向になっているけど、それでもほかの地域に比べれば、相当しょっぱいからね。でも、だからこそお酒に合うものが多い、ともいえるんだよね」

担当「さて、買ってきたものを並べてみましょう。岩手からは『焼きまつも』『せんべいのみみ』『森のスモークチーズ』『ももハム』『みの虫なんばん』です。そして宮城からは『笹かまぼこ』『しそ巻き』『牛たんラー油』『むしほや』『ほやくん』『莫久《ばく》来《らい》』です」

わこ「ムシホヤ？　バクライ？？？」

ラズ「東北名物ホヤの加工品だね。『莫久来』なんかは、珍味中の珍味だよ」

担当「つづいて福島ですが、『紅葉《もみじ》漬《づけ》』『いか人参《にんじん》』『手羽先スモーク』『塩トマト甘納豆』。それから日本酒の『大七《だいしち》』を用意しました」

実業之日本社　会議室で　大宴会！
東北の味はしょっぱいんだ
豪勢ですねえ

ラズ「おー、豪華だなあ」
担当「では、早速、いただきましょう」

「焼きまつも」に一同騒然！

わこ「この『せんべいのみみ』は、普通はどうやって食べるんですか？」
ラズ「そのままつまみにしてもビールに合うし、バターで炒めても美味しいよ。あと、いろんなディップをつけてもいいね。たとえば、クリームチーズとか」
ビールは、岩手の地ビールを4本用意した。遠野《とおの》地方の黒ビール「ズモナ」クリスタル・ヴァイツェンと、盛岡《もりおか》の黒ビール「ベアレン」シュバルツ、そして「岩手蔵ビール」ペールエールと、「銀河高原ビール」である。
担当「この4種類は、どれも風味の強いビールなので、『せんべいのみみ』のあっさりした感じとマッチしますね」
ラズ「ね！　つまみに最適でしょ」
担当「では次は、まつもを試食してみましょう」
ラズ「気になるよねえ、コレ。どれどれ…。ウン、美味しい！　コレ、絶対白ワインと合うよ。パリパリしてて、磯の風味が満載です。海苔と白ワインって合うんだよねえ。だからコレも、絶対に合うと思う」

担当「ビールにも合いますね。しかし、ポロポロした食い物だなあ（笑）」

この「焼きまつも」、薄い板状になって袋に入っているのだが、触るとパラパラと崩れてしまうのだ。しかし崩れたところを集めて食べてみると、これが変わらぬ美味さなのだ。

担当「僕、こんな海藻があるなんて、知りませんでした。この『焼きまつも』、地元ではどうやって食べてるんでしょうねえ」

ラズ「海苔とあおさの中間って感じ

の食感だから、私はまず、味噌汁に入れてみたいなあ」
わこ「それ、美味しそうですねえ」
担当「次は『ももハム』と『スモークチーズ』です」
ラズ「うん。『ももハム』は肉って感じがする」
わこ「『スモークチーズ』は、いい匂いです」

宮城・三陸の珍味「ホヤ」

担当「宮城からはホヤ系を3種類買ってきたんですけど」
わこ「じつはワタシ、ホヤって食べたことないんですよ。だってワタシの実家のほうでは、ホヤって売ってなかったんですよ！　西のほうでは、あんまり食べませんよね」
ラズ「ホヤは三陸一帯が産地だからね。ホヤも今回大打撃を受けた食材のひとつだよね」
担当「では、まずは燻製《くんせい》の『ほやくん』からどうぞ。しかしホヤって、どんな食べ方がいちばん美味しいんでしょう？」
ラズ「生がいちばん美味しい食べ方だと思うけどね。だから三陸が復興した暁《あかつき》には、ぜひみんな現地に生のホヤを食べにいってほしいな」
わこ「先生、ホヤって美味しいです！　チーズみたいな独特の匂いがたまりません！」
ラズ「ホント？　キミは酒飲みの資格アリだね」
担当「じゃあ、そろそろ日本酒にいきますか」
ラズ「お、福島の地酒『大七』は、冷やもいいけど、お燗にするのにも向いてるんだよ」
わこ「生《き》もとづくりと書いてありますけど…」
ラズ「おっ、出ましたね（笑）。生もとづくりは、酒蔵に住みついてい

る酵母《こうぼ》をじっくりと培養するつくり方をしていて、一般的にお燗酒に向いているといわれているんだ」

わこ「何でですか？」

ラズ「そもそも日本酒は、火入れして発酵を止めてから瓶に詰めて出荷されているの。なぜそうしてるかというと、昔から日本酒はお燗して飲むことを前提にしているからなんだ」

わこ「そういえば、ご高齢の方だと、冷酒を嫌がる人もいますよね？」

ラズ「冷酒は身体に悪い！　とか言ってね。シブいと思います、私はそういう人」

担当「お次は『むしほや』をどうぞ」

ラズ「こっちのほうが生に近いんだよね。レアっぽいというか」

担当「その次は、ホヤの真打ち『莫久来』です」

わこ「『莫久来』って何ですか？」

ラズ「ホヤにこのわた、つまりなまこの内臓を混ぜたもので、要するに、ホヤをこのわたで漬けた塩辛みたいなものなんだよね」

わこ「ずいぶんトロッとしてますね」

ラズ「これもまた、日本酒によく合うよ（笑）」

担当「さらに次は、笹かまぼこをどうぞ！　これはチーズ笹かまです」
わこ「美味しい。ビールに合います」
担当「それから『牛たんラー油』！」
わこ「いい匂い。どんな味ですか？」
ラズ「…牛たんをラー油につけた味（笑）」
担当「具の9割は牛たんだそうです。つづいて『シソ巻き』をどうぞ」
わこ「青ジソでくるみ入りの味噌を巻いてありますね。食感はパリパリしています」
ラズ「油で揚げてあるからね。辛いというより、しょっぱくてご飯が進むって感じだよね」

あなどれない福島グルメ

担当「さて、皆さん。今度は福島県の特産品です。『塩トマト甘納豆』『手羽先スモーク』『紅葉漬』『いか人参』を用意しました」
わこ「『塩トマト』？　福島の名物なんですか？」
担当「福島の農家の方が5年かけて開発した、ドライフルーツ感覚のトマトだそうです」
ラズ「フルーティだなあ。食後酒のお供にいいかも。甘いお酒とドライトマト…」
わこ「スイーツ感覚ですね」
ラズ「次にこの『紅葉漬』、これはぜひ食べてみてほしいなあ。鮭《さけ》とイクラを麹で漬けたものです。美味いんだよ。日本酒が進んじゃう味です。阿武隈《あぶくま》川をのぼってくる鮭でつくるから『紅葉漬』というんだね。名前もいいよね」
担当「鮭がスモークサーモン風ですね。ところで先生、福島といえばもうひとつ…」
ラズ「『いか人参』だね。福島を代

表する郷土料理です。福島県人は皆、食べてるけど、福島にしか売っていないんだよね。いかと人参を、マリネにしたような食べ物で、各家庭でつくる家庭料理です」

わこ「あ、美味しいです。煮物みたいな感じもあります」

ラズ「コレは袋に入っているからよく漬かってる感じがするけど、家庭料理ではこんなに漬かってないから、もっとマリネ風なんだけど。どう？　つまみとしていいでしょ」

担当「あと残ってるのが『手羽先スモーク』なんですが、これは地鶏の川俣軍鶏《かわまたしゃも》のスモークだそうです」

ラズ「うん。身が締まってて美味いね」

発表！　東北グルメランキング

担当「いやー、いろいろ食べましたね。最後に『頑張ろう東日本』の意味もこめて、日本酒とビール部門で、それぞれに合うつまみベスト3を選びたいんですが、ビール部門はどれがいいですか？」

ラズ「私は『焼きまつも』を入れたいな」

担当「これ、ふやかしたら、どうなるんでしょうねえ。そうだ！『いか人参』の漬け汁でふやかしてみます。…どうですか？」

ラズ「うん、より海藻感が高まって美味いね。ラーメンやうどんに入れてもいいよ、コレ」

わこ「ちなみにまつもは、1月から3月ぐらいまでで収穫するそうです」

ラズ「じゃあコレは、震災前に獲ったやつなんだね。来年、無事に復活するといいけど。それから『ももハム』と『笹かまぼこ』のチーズ味を押したいですねえ」

担当「エッ、『ももハム』ですか？　印象薄かったような気がしましたが」

ラズ「じつはコレ、秘かに気にいってたんだよね(笑)。肉、って感じがたいへんよかった。それから『笹かまぼこ』も高級なチーかまという感じで、たいへんビールに合います」

担当「『せんべいのみみ』はどうですか？」

ラズ「じつは、私は個人的によく食べてるから、あんまり驚きがないんだよねえ（笑）」

担当「次に、日本酒部門はどうでしょう」

ラズ「やっぱり『紅葉漬』かな」

担当「『莫久来』はどうですか？」

ラズ「いや、もちろんよかったよ！　でも、ホヤとこのわたの塩辛って、ちょっと掟《おきて》破りだよね。美味いものふたつを合体させたら、美味しいに決まってるじゃない（笑）。だからここでは、あえて『むしほや』を推したいよね」

わこ「それじゃあ、3位は？」

ラズ「そうだねえ、ふやかした『まつも』ですかねえ。それも『いか人参』の漬け汁につけたやつでしょうか（笑）」

わこ「『いか人参』が怒っちゃいますよ（笑）」

ラズ「いや、『いか人参』をつまみつつ、『まつも』をふやかす。コレがいいんだよ。ふやかした『まつも』って、シャクシャクしてて面白い食感だったよね。いずれにしても今回痛感したのは、災害が起こると、地域に根ざした美味しいものが、みんな食べられなくなるということ。だから地元の皆さんの努力があって美味しいものが食べられる、ということを忘れてはいけないよね」

こうして我々3人の、ささやかな東北リスペクト企画は、無事終了したのであった。

第5章 東北おつまみまとめ

東北のおつまみは
しょっぱい印象が強いけど、
焼きまつも、紅葉漬など
新たな発見もあった！

おつまみベスト3

ビール部門

- 焼きまつも（岩手・735円）
- いぶしの里 ももハム（岩手・315円）
- 笹かまぼこ〈チーズ味〉（宮城・147円）

日本酒部門

- 紅葉漬（福島・525円）
- むしほや（宮城・315円）
- 焼きまつも＋いか人参（いか人参＝福島・368円）

●いわて銀河プラザ	東京都中央区銀座5-15-1 南海東京ビル1F
●宮城ふるさとプラザ	東京都豊島区東池袋1-2-2 東池ビル1&2F
●福島県八重洲観光交流館	東京都中央区八重洲2-6-21 三徳八重洲ビル1F

第6章 アジアン

突撃！はしご呑み

東南アジア系エスニック料理は、女性が好んで食べる料理で、スタミナ不足に陥りがちな夏に食べるには最適な料理。だが、男性陣にはあまり馴染みのない料理でもある。そこで今回は、東南アジア系エスニック料理の楽しみ方を、徹底考察してみたいと思う。

エスニック入門はベトナム料理から

担当「さて、今回はアジアンということで、まずはベトナム料理に挑戦しようと思います。先生は、ベトナム料理はお好きですか？」
ラズ「ベトナムに限らず、私は東南アジア料理は全体的に好きだな。じつは去年の夏も、ハノイに行ってきたんだよ」
わこ「ワタシは、唯一行ったことのある外国がベトナムなんです」
訪れたのは、銀座一丁目にあるベトナム料理店の「M」。
担当「さて、何を飲みましょうか？　ベトナムというと、777でしたっけ？　数字のゾロ目のビールが有名ですよね」
ラズ「惜しい！　333《バーバーバー》ビールだよ。奇数で縁起がよさそうなのは、合ってるけどね

（笑）」

担当「では、333ビールを頼みましょう。それからコメ焼酎があるみたいです。先生、ベトナム焼酎は、飲まれたことありますか？」

ラズ「じつは、あまり飲んだことないんだよなあ。なぜなら私、ベトナムの街は、ホーチミンやハノイなどの大都市しか回ってないんだ。で、焼酎ってのは都会じゃなくて、田舎の農村部のほうで飲むみたいで、旅行中はあまり見かけなかったんだよ」

わこ「たしかに、ハノイの街って、お酒飲んでる人自体、あまりいなかった気がします」

ラズ「これは東南アジア全般に言えることなんだけど、南のほうの国って、昼間っから旦那《だんな》さんが外でプラプラしてて、奥さんが働いてるってケースが多いんだよね。南のほうは気候も温暖だし、食べるのに困らないじゃない？」

担当「まあ、年に3回とかお米がとれるわけですから、たしかに食べ物は豊富ですよね」

ラズ「そう。だから、そんなにガツガツ働かなくてもいいんだよ。するとストレスもたまらないから、強い酒を酔っぱらうほど飲まなくてもいいんじゃないかな、と思うんだよね」

担当「せっかくなので、このルアモイという米焼酎も頼みましょうか。次に料理は…」

ラズ「ベトナムはやっぱり生春巻きでしょう！　あと、お好み焼きみたいなバインセオ」

わこ「ワタシ、コレ大好きです。卵の生地に、もやしやお肉が、くるんであるやつですよね」

注文したのは、生春巻きとバインセオ、鶏肉のレモングラス炒め、そしてフォーの五目炒め。鶏肉のレモングラス炒めは、ベトナムの屋台ではポピュラーなメニューである。

わこ「ところで、世の男性はエスニックって、よく食べるものなんですか？」
ラズ「いや、なかなか男同士では行かないよ。女の子を誘って行くものなんだろうなあ」
担当「だからこそ、今回の企画が成立するわけですよ！　エスニック料理の魅力を男性読者の皆さんに知っていただいて、女の子を誘って食べにいってもらおうと‼」
ラズ「うん。エスニック料理は女の子のほうが断然詳しいから、女性に主導権を与えて、楽しく食事ができるといいかもね。それからスパイスやハーブが酒に合わないのでは、と

思っている男性も多いと思うんだよね。だから今回は、それをたしかめてみよう」
そんなことを話しているうちに料理が運ばれてきた。
担当「おー、料理が並びました。美しいですね」
ラズ「生春巻きは、ライスペーパーから中の具が透けて見えて、視覚的にも綺麗だよね」
わこ「レタスがはみだして、花が咲いたようになっています」
運ばれてきたバインセオには、山ほどの野菜が添えられていた。
担当「えーと、このバインセオはどうやって食べるんですか？　切り分けていいんですか？　この大量の野菜は何でしょう？」
ラズ「野菜は、つけあわせなんじゃないの？」
店員「お客様、つけあわせのレタスに、大葉《おおば》・キュウリ・ナマスなどを敷いて、バインセオを巻いてソースをつけて食べてください」
ラズ「ええっ‼　バインセオを野菜で巻いちゃうの？」
わこ「こんな食べ方があるんですね。サラダ感覚ですね」
ラズ「ああ、うん。美味しい！」
担当「さてさて、メインの鶏肉のレモングラス炒めのお味はどうですか？」

ラズ「レモングラスの風味が爽《さわ》やかで、とても美味しいよ」
わこ「でも、ちょっと辛いですね」
ラズ「そうだね。ベトナム料理のなかでは、エスニック色が強いメニューかも。でも、タイ料理ほど辛くはないから、初心者にはお奨めです」
担当「ところで、このフォーの五目炒めですが…」
わこ「…麺が固まりになっていますね」
ラズ「うーん。見た感じ、そして食べた感じも、固まってる。たぶんフォーは、焼きそばに向いてないのかもなあ。味はヌクマムがきいてて、

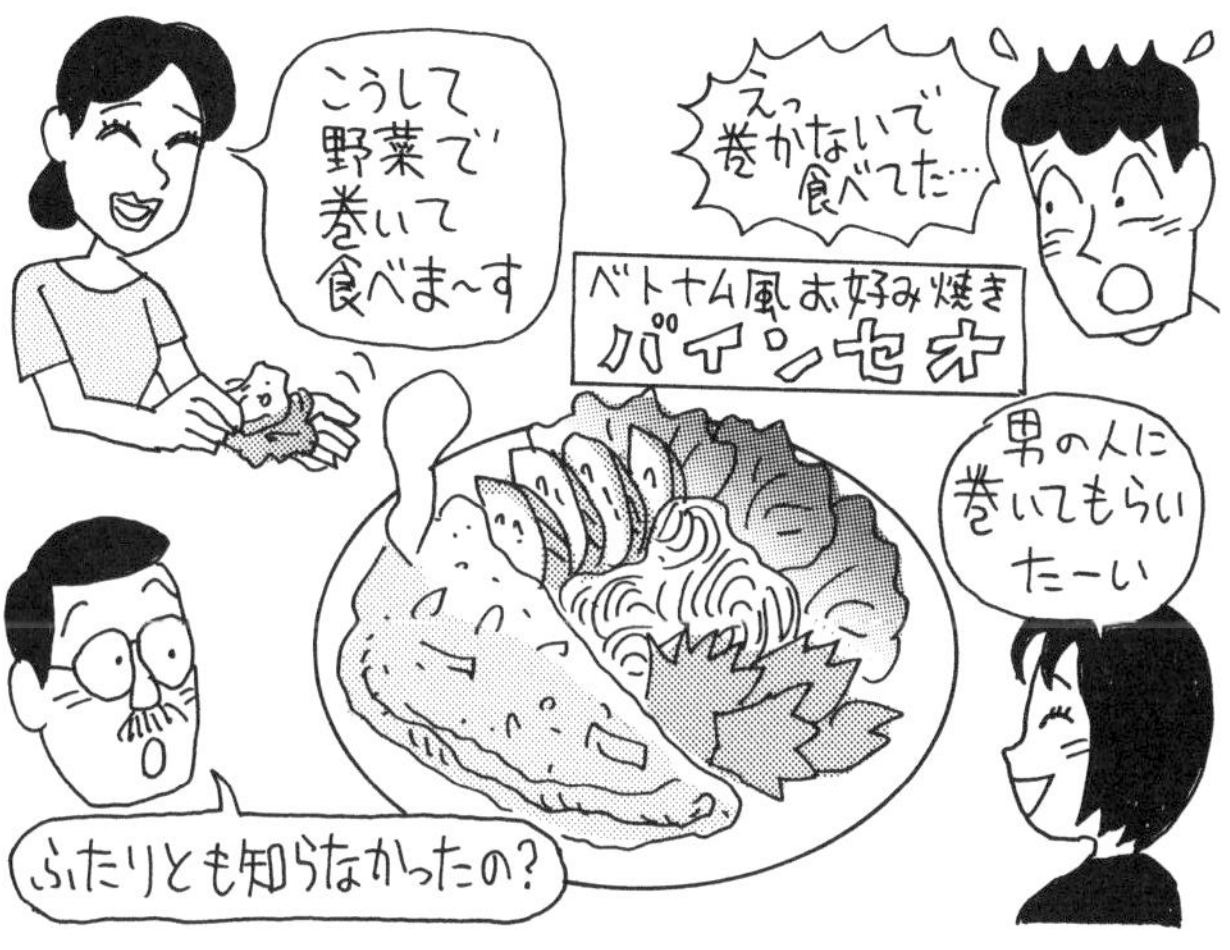

美味しいけど…。米麺であるフォーが、焼くことによって米に戻りかけてるような…。まあ、こういう食べ物だと思って食べれば美味しいけど。ハノイにはフォーの店がいっぱいあったけど、私が旅行に行ったときは、焼きフォーはホント、見なかったなあ」

担当「ところで、ベトナムといえば、パンはどうなんですか？」

わこ「パンも有名ですね。フランス統治時代にフランスパンの技術が入ってきて…」

ラズ「ベトナムにさあ、フランスパンのサンドウィッチで、バインミーってのがあるよね」

わこ「あー！　食べました！　すごく美味しかったです」

ラズ「ホント、そうだよね。パリッとしたフランスパンに、野菜とハーブ、ハムとかをはさんで、ヌクマムなんかで味がつけてあってね」

担当「ハーブって、パクチーですか？」

ラズ「いや、どくだみみたいなものなんだけど、日本のどくだみよりは香りが弱いの。でも、これがすごく合ってて美味しいんだ」

ひと通り料理を楽しんだ我々は、食後のベトナムコーヒーを注文した。

担当「先生、料理のご感想は？」

ラズ「ベトナムは中国と隣接した東南アジアの国なので、中国と東南アジアの両方の影響を受けてることが改めてよくわかったな。ほとんどのメニューは辛くないし、日本人にも食べやすい。エスニックの入門編としては悪くないよね」

担当「お酒との相性はどうですか？」

ラズ「やっぱり、ビールが合う感じだよね。あ、でも、このルアモイもとっても合う。日本のお酒でも、癖がない米焼酎だったら合うんじゃないかな？」

わこ「あと、料理がヘルシーなので、女性を連れていったら、絶対に株が上がりますよ」

担当「えっ？　ホントに（笑）？

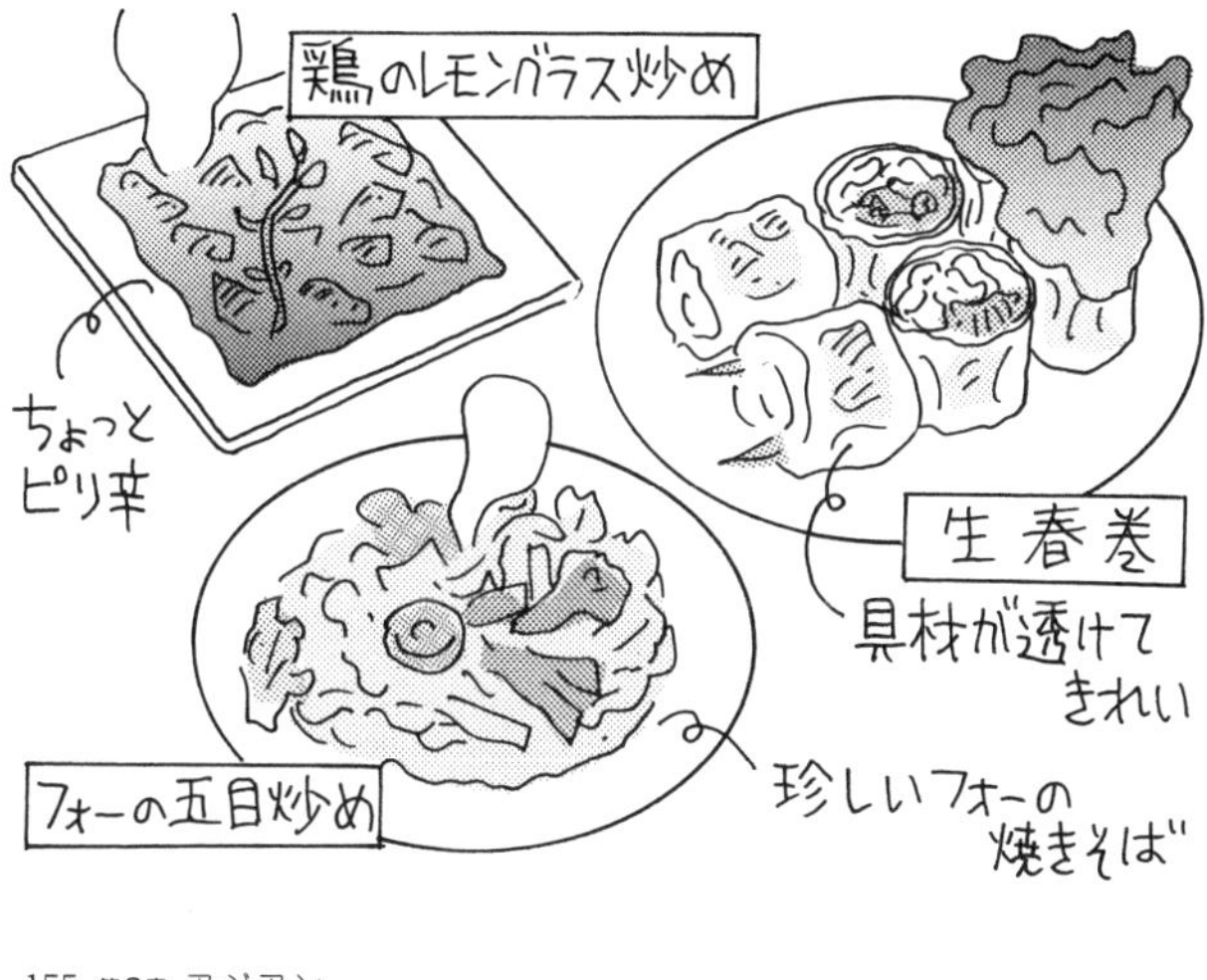

鶏のレモングラス炒め
ちょっとピリ辛
生春巻
具材が透けてきれい
フォーの五目炒め
珍しいフォーの焼きそば

では逆に、気をつけることってあるんでしょうか？」

ラズ「やっぱり、パクチーじゃない？　私も最初に食べたときは、この草は、いったい何だ、と、忌《い》み嫌う感じだったよ。でも、気がつくと、いつのまにか好きになってた」

担当「じゃあ、パクチーだけは事前確認で、ベトナム料理はそんなにエスニック度が強くないから、入門編には最適、ということですかね？」

ラズ「そうだね。上司が部下の女の子を連れていくのに、ベトナム料理は問題ナシ！と」

本格激辛タイ料理に挑戦！

2軒目はエスニックの雄、タイ料理である。目的の店は、銀座のタイ料理屋のなかでも老舗だという「N」だ。1軒目から日比谷《ひびや》方面へと向かって歩き、数寄屋橋《すきやばし》公園の先にあった。

わこ「先生は、タイもお好きなんですよね？」

ラズ「うん。タイには4回くらい行ったかな。バンコクが特に好きで、東南アジアの都市では、いちばん好きかもしれない」

担当「それはまた、どうしてですか？」

ラズ「何だか他の都市からバンコクに行くと、『帰ってきた』って感じがして、ホッとするんだよね。落ち着くというか…。人もよくてね」

担当「さて、お酒はどうしましょう？　やはりシンハービールですか？」

ラズ「私はタイに行ったら、コンビニでいちばん安いビールを選んで買って飲むよ。安くても、味的には落ちないんだよね。でも、まあ今回は、日本でタイ料理を楽しむので、1杯目はシンハービールにしときますか」

担当「次に、料理は、世界三大スープといわれる、トムヤムクンでしょうか？」

ラズ「トムカーガイというバリエーションもあるけど、ここはやっぱりトムヤムクンだね」

わこ「トムヤムクンとトムカーガイは、どこがちがうんですか？」

ラズ「トムは『煮る』、ヤムは『混ぜる』、クンは『エビ』という意味で、トムカーガイは、カーが『しょうが』、ガイが『鶏肉』って意味。見た目はトムヤムクンは赤くて、トムカーガイは、ココナッツミルクで煮ているから白いんだよ」

担当「さすがお詳しいですね。あと、この青パパイヤのサラダ、ソムタムも頼みましょう」

ラズ「うん。ソムタムは東南アジア全般で食べられている、とてもメジャーな料理だよね」

担当「あと、空心菜《くうしんさい》の炒め物も注文しましょう」

ラズ「いいね。一般的にはタイ料理は、ひとつの料理に辛味、酸味、甘味などが混ざっていて、複雑な味になってるのがいい、っていわれてるよね。たしかにトムヤムクンも辛くて酸っぱいし、タイカレーも辛さのなかに甘さがあったりする」

わこ「でも、ひとつの料理で、そんなにいろいろな味を出すなんて、難しそう」

ラズ「だから、現地でも、トウガラシとナンプラー、そして酢と砂糖の4つが置いてあって、お客さんは皆、自分で味つけをしてるんだ」

担当「ラーメンとかにも、入れるんですか？」

ラズ「もちろん」

担当「日本のラーメン屋さんで、スープにあからさまに調味料入れたら、お店の人に失礼な気がしますけど、タイでは全然ＯＫなんですね」

ラズ「うん。酢には、生のトウガラシを輪切りにしたのが入ってることもあるよ」

シンハービールを飲み終えた我々は、チャンビールと、メコンウイスキーを追加注文する。

「辛さ」と「甘さ」と「酸っぱさ」の競演！

担当「さあ、料理が来ましたよ。まずは青パパイヤのサラダ、ソムタムです」
ラズ「おお、美味しい！　しかも、辛ーい!!」
担当「うわっ！　すごい辛いじゃないですか。みんな、よくパクパク食べられますね」
ラズ「いや、日本にあるタイ料理店は、日本人に合わせてちょっと辛さを弱くする店が多いんだけど、ここはホント、妥協のない辛さだよね」
わこ「このソムタムって、やはりタ

イでも人気メニューなんですか？」
ラズ「そうだね。家庭料理でもあり、レストランでも食べられてる料理。ちなみに、ソムタム専門の屋台もあるよ。ソムタムは、日本のお総菜屋《そうざいや》さんみたいに、屋台で売ってるものが美味しいらしくて、みんなビニール袋に入れて、家に持って帰って食べるんだ（笑）」
わこ「次は、トムヤムクンを食べましょうか」
ラズ「おおっ！　本格的な味がする」
わこ「あれ？　コレ、辛酸っぱい味がします！」
ラズ「そうだね。酸っぱくていいね。辛さより、酸っぱさが際立ってる」
担当「スイマセン。いまの僕には、辛さしかわかりません！」
わこ「担当さん、メコンウイスキー飲みます？　なんか甘くて美味しいですよ」
担当「エ、…あの、わこちゃん、このウイスキー甘いけど、何かイギリス人に怒られそうな酒だよね。じつはコレ、ウイスキーじゃないでしょ？」
ラズ「おっ、よく気づいたね。メコンウイスキーは、ウイスキーと名乗りながら、じつは米からつくってるんだよ。あとから色をつけてるの」
担当「てことは、コメ焼酎じゃないですか！」

ラズ「正確には、米と糖蜜を主原料にして、発酵・蒸留させて、ウイスキーの香りをつけてるんじゃなかったかな？」
わこ「ちなみに、空心菜のほうは、あまり辛くありませんよ」
　ここで我々は、締めにグリーンカレーを注文した。
わこ「あのー、担当さん、グリーンカレーに、青トウガラシが浮いてますけど…」
担当「ああっ、また辛い！　でもタケノコが美味しいです。芯まで辛さが沁《し》みこんでなくて、ホッとします」
ラズ「コレは、横綱級の辛さだね。でも、ただ辛いだけじゃなくて、コ

コナッツミルクで煮てあるから、辛さの奥にコクがある、という感じだよね」

担当「いやー、辛かったです。先生は、本当に辛いものが得意なんですね」

ラズ「はい。タイに行くと、日本人だとお店の人に気を使われて、辛さを調節されたりすることがあるから、タイの市場で唐辛子を買って、持ち歩いてるくらいなんだ。トウガラシってね、小さいほうが辛いんだよ。赤・オレンジ・紫・白と、いろんな色と種類がある」

わこ「エーッ、白って、辛そうですね」

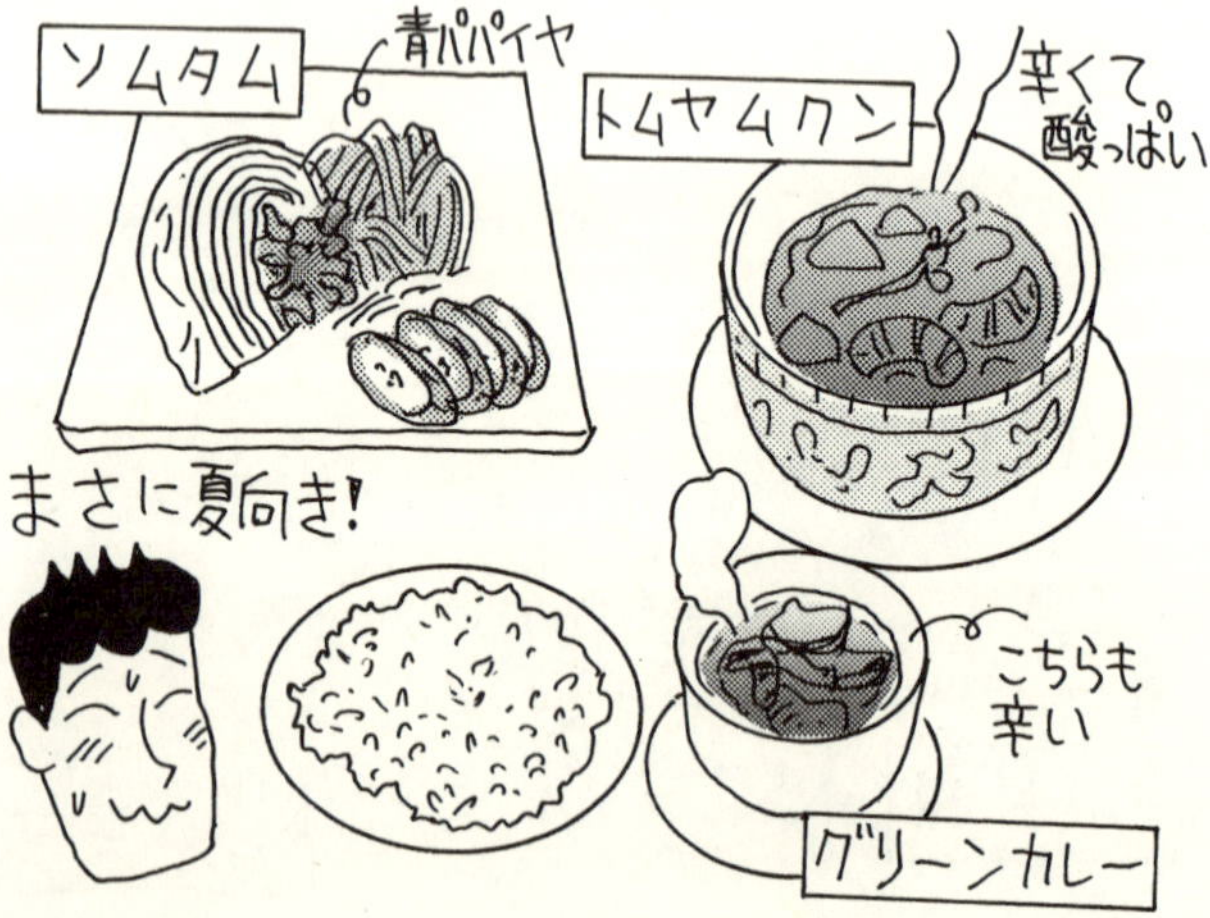
ソムタム
青パパイヤ
トムヤムクン
辛くて。酸っぱい
まさに夏向き!
こちらも辛い
グリーンカレー

ラズ「うん。私が食べたなかでいちばん辛かった。もう舐《な》めただけで、『アーッ』っていうくらい辛かったね」

担当「タイ料理の魅力って、この辛いってとこなんでしょうかね」

ラズ「まあ、辛くて酸っぱい、っていうのが魅力なんだと思う。酸っぱいってあまりないよね。この奥深さがいいんでしょう。ベトナム料理と食べ比べてみるとわかるけど、どう考えてもタイ料理のほうが、エスニック度は高いよね。だから、初心者が誰かを誘って行くには、ベトナム料理のほうが無難かもしれないね」

わこ「それっていいと思います」

ラズ「でも、ビールやウイスキー、焼酎とか現地のお酒を楽しみながら、暑い日にエスニックをつまむのは男性にもオススメの飲み方だよ」

夏本番にエスニックで晩酌！　汗をかきながら不思議と爽快《そうかい》となるので、ぜひ一度お試しあれ。

第6章 アジアンまとめ

タイ料理はエスニック上級者向け、初心者はベトナム。パクチーの好き嫌いは要確認

お会計

		（3人分）	（1人あたり）
1軒目	ベトナム料理M	8000円	2666円
2軒目	タイ料理N	8500円	2833円
	合　計	16500円	5500円

Mr.ミスター
ワンコイン④
今日は寿司が食いたい!
というときはいつも ここの回転寿司にすることにしている
あみやげ承ります
寿司
すし
回転寿司
ガー
いらっしゃくい
回転寿司がいいのは
料金が明確で自分で量の加減ができるからだ

この店の料金は
皿の種類によって3段階に分かれている
赤皿
=330円
中トロ
ウニ
など
絵皿
=210円
穴子
イクラ
など
白皿
=110円
赤身
イカ
など
昼メシワンコインしばりのオレは
絵皿、赤皿なんぞには目もくれない
ねらうはひたすら白皿だ
回転寿司の高いネタというのは実はグレードはさほど高くない
そんなのに手を出すぐらいなら一番安い皿を2皿、3皿と食ったほうがいい
今日は白皿を
めいっぱい4皿食ってやるぞ
=440円
さて最初は何にすっかな？
イカか赤身か
サバかコハダか
ん？

本マグロ
中トロ
……なんとまあ
いい色つやを
してるんだ
本まぐろ中トロ480円
な、なんだ
この
金色の
皿は？
日頃
高級ネタは
見向きも
しない
オレも
思わず
目にとめて
しまう
立派さじゃ
ないか
だけど
1皿で
480円
なんて
なしなしなし
ありえねえ
さあて
まずは
……
なんだ
なんだ
映像が
マブタに
やきつい
てるぞっ

『Mr. ワンコイン』④＝おわり＝

私の理想のはしご呑み②

第7章 餃子

突撃!はしご呑み

今回のテーマは、「餃子《ギョウザ》」である。ラーメンのお供に欠かせない餃子を、日本人は大好きだが、最近では、「変わりダネ」とよばれる餡《あん》や見た目に個性が光るものが、次々と登場している。また、餃子を単体で評価する機運も高まっており、宇都宮《うつのみや》、蒲田《かまた》、浜松《はままつ》といった街が、激戦区として知られている。そんな餃子の新激戦区として、熱い視線が注がれているエリアは、なんと「恵比寿《えびす》」。都内でも有数のお洒落タウンが、餃子の新名所だなんて話は、本当なのだろうか？　駆け出しライター・わかこに代わり、新女性メンバーに京香さん（以下「京香」）を迎えてお届けする。

焼き餃子は、世界に誇る「日本の味」!?

ラズ「今回のテーマは〝餃子〟ということなんだけど、餃子って、本当に日本人が大好きな、どこの街でも普通に食べられている、定番中華のひとつだよね」
京香「ハイ。ワタシも餃子、大好きです！」
担当「ここ、恵比寿駅の周辺には、特別、餃子とうたっていない店も含めて、なんと20軒近くの中華や餃子の店があって、最近、テレビや雑誌などが、新激戦区だとしきりに盛り上げているんですよ。そこで今回は、庶民の味・餃子と、お洒落な街・恵比寿のミスマッチを楽しみながら、最新の変わりダネ餃子なども試してみたいと思います」

我々は、恵比寿駅の西側に広がる昔ながらの商店街に向かった。すると、店の前に大きく餃子の垂れ幕を掲げた、専門店の「○」に到着した。

担当「この店は、全国展開しているチェーン店で、看板は、〝ひと口餃子〟です」

ラズ「このメニューにある、米粉餃子のあんかけ、気になるな～」

担当「では、最初にこの店自慢のひと口餃子を2皿と、米粉餃子、鶏チーズ餃子、それから、きゅうりの漬け物を頼みましょうか。お酒は、餃子には、やっぱり…」

ラズ&京香「ビール！」

担当「ですね。それから、餃子につけるタレは、各人お好みでお願いします。それこそタレは、おひとりおひとりにこだわりというか、好みがあると思いますので」

ラズ「餃子のタレって、やっぱり酢がいちばん、好みがわかれるところじゃないかな」

担当「ここの店は、調味料がいろいろありますね。酢醤油、ラー油、辛味噌《からみそ》、酢味噌…」

ラズ「酢醤油…ということは、もうすでに酢が入っているんだね」

担当「きっと、この店独自の黄金比があるんじゃないでしょうか。醤油が3で、酢が1みたいな。僕はふだん、あまり酢は入れず、醤油とラー油だけでいただいてます」

京香「ワタシは、酢にラー油をちょっとたらして、食べるのが好きです」

ラズ「私は醤油と酢だね。ラー油は私には辛みが足りないので、ジャマなだけなんだ。酢は欠かせないね。そういえば中国では、水餃子がポピュラーで、餃子はゆでるのが基本だから、皮がけっこう厚いんだよね。つまり、皮の部分がお米のような、主食の役割を果たしているんだ。餃子好きの人のなかには、『餃子ライスはおかしい』という意見もあるけれど、あれって水餃子中心の、中国的な考え方だと思う。焼き餃子の場合、餃子の皮はとっても薄いから、主食になるほど腹にはたまらない。だから、餃子ライスもアリなんだよね」

京香「先生、餃子は中国から日本に伝えられたわけですが、元々は、水餃子として伝わってきたものではないのですか？」

ラズ「うん。いろんな説があるんだけど、戦前・戦中に中国大陸の満州に渡った大勢の日本人は、現地で余った水餃子を鍋で焼いて、温め直して食べていたみたいなんだ。そんな彼らが戦後、復員してきて、自分たちが大陸で食べていた餃子を各地で広めた、というのが、日本の焼き餃子の始まりだという話があるんだ。最近、宇都宮が餃子発祥の地といわれているけど、じつは日本のあちこちで、ほぼ同じ時期に復員者たちが餃子をつくりはじめているんだよ。つまり焼き餃子は、日本で独自に発展した食文化ともいえるんだよね」
京香「ワタシの地元は静岡で、いま浜松餃子が大人気なんです。きっと、浜松出身の復員者の方が始めたんでしょうね」
担当「あの、浜松の場合は、またちょっと事情がちがうみたいです。なんでも復員してきた人に『餃子を食べたい』といわれた日本の中華屋さんが、レシピを聞きながらつくったとか、戦前から市内に住む中国人が、焼き餃子を出していた、という話もあります」
ラズ「じつは私、水餃子を焼いて食べたことがあるんだけど、水餃子の皮は厚いから、焼いてもたいして美

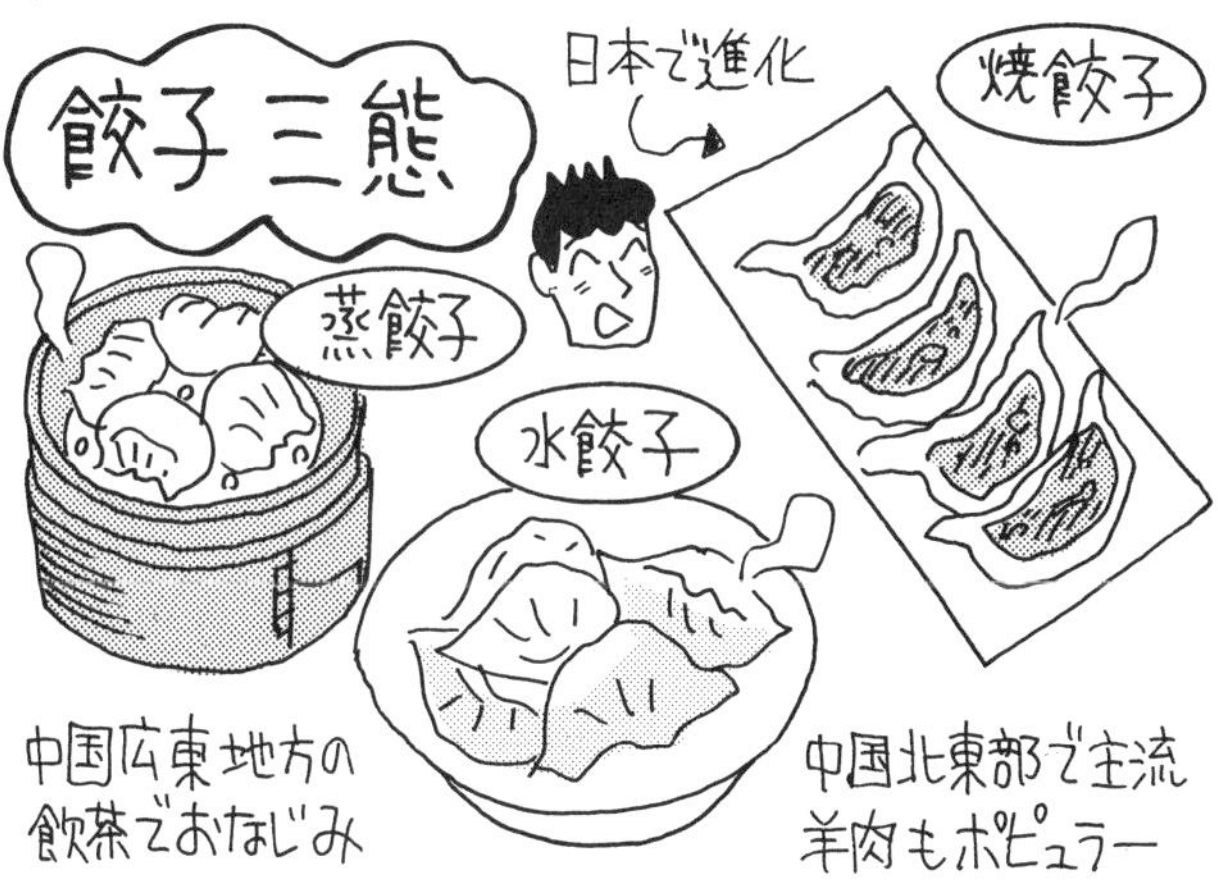

餃子三態
日本で進化
焼餃子
蒸餃子
水餃子
中国広東地方の
飲茶でおなじみ
中国北東部で主流
羊肉もポピュラー

味くないんだよね。焼けた面はカリッとするんだけど、中は柔らかくて、食感がバラバラな感じなんだ。焼き餃子の、あのサクッ、パリッとした食感を出すには、やっぱり薄い皮じゃないとダメなんだ。だから、日本人が美味しい焼き餃子をとことん追求していった結果、あの薄さになったのではないかと思う」

担当「焼き餃子に比べて水餃子は、あのモチッとした食感が命ですよね」

ラズ「水餃子って、食べ方や出し方にも、いろいろあるよね。ゆでただけのものをタレにつけて食べたり、スープの中に入っていて、スープごと食べたり。上海《シャンハイ》では、小《ショウ》籠包《ロンポウ》が有名だし、広東《カントン》では米粉やタピオカなどで皮をつくり、蒸籠《せいろ》で蒸す。地方によって形も食感も異なるし、餃子とはちがう食べ物といっていいくらい変化に富んでいる。日本人になじみの深い、モチモチとした水餃子は、中国東北部の料理なんだ。モンゴルや満州あたりでは、餡に羊の肉を入れるそうだよ」

担当「日本の餃子に、にんにくが入っているのは、もともと満州地方の餃子が羊の肉を使っていて、その匂い消しのためだったとも、いわれていますよね」

ラズ「中国本土の餃子には、あまりにんにくは入っていないから、匂いが気になるのは日本人だけみたいだよね」

そんな話をしていると、ようやく待ちに待った餃子が運ばれてきた。

ハネつき&手羽先餃子に舌鼓

　まずはひと口餃子から食べてみる。

ラズ「本当にコレ、ひと口サイズだね。つまみやすい。軽くハネがついていて、パリッとしてる。この大きさだと、2個食いがちょうどいいね。酢味噌の味は、どんな感じ?」

担当「意外なことに、味噌の味が、思ったほどどしないですね」

ラズ「やっぱり、いろいろと研究されてるね。酢が好きな人は、これに酢を足せばいいし、辛いのが好きな人は、ラー油をたらせばいいんだ」

　まずは快調に、ひと口餃子2皿を

平らげて、次は、鶏チーズ餃子である。

ラズ「コレ、マヨネーズをつけて食べると、チーズの味が強く感じる。うん、これはビールとよく合うよ！　女性に受けるんじゃないかな」

京香「ええ、そうですね。鶏肉なので、ヘルシーなイメージも、好感度アップです」

ラズ「米粉餃子は、餃子の下に餡が貼りつけてあるね。これをからめて、大根おろしをのせて食べる、というわけだ」

京香「ゆずの香りが、ほのかにします。タレは、ちょっと甘めですね」

ラズ「揚げてあるけれど、小麦粉みたいに皮全体がカリッとしているわけではない。米粉だから、気持ちモッチリとしているね」

ここで追加注文として、えび入り水餃子と、手羽先《てばさき》餃子を頼む。

担当「メニューには、えび入り水餃子は〝ぷりぷり〟と書いてあるんですが、どうでしょう」

ラズ「うん、歯ごたえはバッチリだね。えびだから、肉に比べてあっさりしている」

担当「先生、次は何をお飲みになりますか？」

ラズ「そうだね。さわやかにハイボール、といこうかな」

担当「わかりました。そういえば先生、餃子って、どんな酒に合うと思いますか？」

ラズ「うん。だいたいの酒とは、合うと思うよ。まずサワー系は、何でもOK。それから度数の高い蒸留酒とも、相性はいいと思う。でも、ハイボールはいいけど、普通のウイスキーは合わないよね。それから日本酒も、ちょっと合わないな。中華料理と日本酒は合うんだけれど、不思議と餃子と日本酒は、合わないんだよね」

京香「ちなみに先生は、ご自分で餃子をつくられるのですか？」

ラズ「うーん、あまりつくらないかな。面倒くさくて（笑）。だって仕事を終えて、さあ晩酌しようというときに、イチから餃子をつくる気に

さらに追加
えび入り水餃子
三角形でかわいい
手羽先餃子
鶏と豚のコラボ…
チュバ
手羽先餃子考えた人エライ!!

はならないでしょ。じつは私、餃子はもっぱら冷凍品専門なんです。『味の素』の冷凍餃子がとても美味しくて、これはたぶん、日本の全国民の口に合う味だと思う。よし、今度はえび入り水餃子に、辛味噌をつけてと」

パクリと口に入れたあと、ハイボールをグッと飲む。

ラズ「ウン。なかなかいいよ。辛味噌は、餃子につけてもいいし、そのまま食べても、ちょっとしたつまみになる。そういえば、生七味が一時期話題になったけど、この店の辛味噌は、それと非常によく似ている味だね」

担当「中身は、ごまと味噌と唐辛子ですかね。うわっ！　これ、目が覚めるような辛さです！」
一方の手羽先餃子は、たっぷりの餃子の餡が、身をくりぬかれた手羽の中に詰め込まれていて、かぶりつくとパリッとした鳥皮から、肉汁がジュワッとしみ出てくる。
担当「コレ、けっこうにんにくがきいていますね。最初のひと口で、ガツンとくる」
京香「手羽先餃子って、豚肉と鶏肉のコラボ料理なんですね」
ラズ「これって、手羽の肉の部分を取り除いて、餃子の餡を入れて揚げているわけだけど、なかなかこんな料理、思いつかないよね。酒が進むなあ」
焼き、揚げ、ゆでと、ひととおり餃子を満喫した我々は、ここで店を出ることにした。

創作「竹炭皮」餃子のアルデンテ

さて、2軒目は、創作餃子で知られる中華料理店の「P」。一見お洒落なレストランかと見まがうほどの、洗練された店構えだ。早速、メニューを眺めてみると皮の色が真っ黒で普通の餃子の1・5倍の大きさの「大黒餃子」に目がとまったので注文する。

担当「あっ！　餃子鍋がありますよ。お腹に余力があるうちに、鍋を食べておきませんか。味も塩、ラー油、サンラー味と、いくつもありますね」

ラズ「サンラー味が、美味しそう」

担当「この鍋は、2人前からですね。餃子は1人前6個とのことですので、3人で食べれば、なんとか大丈夫そうですね」

ラズ「それから、じゃがいもシャキシャキと、ピクルスなんてどうかな」

担当「飲み物は、どうしますか？」

ラズ「茅台酒《マオタイチュウ》に汾酒《フェンチュウ》があるね。どちらも有名な中国酒だね。汾酒は、中国では、高級酒でかつ銘酒といわれ

ているんだ。茅台酒は、1972年の日中国交回復のときに、当時の日中の首相であった田中角栄と周恩来が、乾杯した酒として知られているんだ。両方とも53度くらいあって、かなりキツいけどね」

そこで担当君は茅台酒、私は汾酒、京香さんは引きつづきビールにした。早速、お酒とじゃがいもシャキシャキ、そしてピクルスが運ばれてきた。

担当「茅台酒は、アルコール度数は高いですが、マイルドな味です。意外とこれ、ひと晩寝れば、すぐに抜けてしまうかも。先生、ひと口どうぞ」

ラズ「どれどれ。うん、美味い！　汾酒のほうも、ひと口どうぞ！」

京香「いただきます。アッ、たしかにコレ、ピリッとしますね」

ラズ「このキツさは、餃子ときっと合うよ」

担当「先生、このじゃがいもシャキシャキ、すごく薄くて、細いですね」

ラズ「スライサーを使って薄く切って、さらにそれを千切りにしたんじゃないかな」

京香「ピクルスには、たまねぎ、セロリ、大根と、いろんな野菜が入っています。盛り付けも、お洒落です」

ここでガスコンロが用意され、鍋が運ばれてきた。一同、鍋の餃子に目が釘付けとなる。

ラズ「この餃子、大きい…ね」
　つづいて大黒餃子も登場。
京香「わ～、スゴい。これ、ホントに真っ黒で、大《お》っきい！」
担当「この店の調味料は、まず中国では有名な黒酢の、鎮江香酢《ちんこうこうす》。それからラー油、醤油、あとこれは、豚味噌ですか？　豚のひき肉とラー油を混ぜたような感じですね」
ラズ「大黒餃子は、醤油と黒酢でいこうかな。それでは、ひと口いただいて…アッツッッ！　けっこう肉汁が出るね。でもこれは、餡に味がついていて、タレなしでも十分かも」
担当「パッと見は黒くてよくわかりませんが、ちゃんと皮には焦げ目がついてますよ」
京香「しかも、この皮は、けっこうコシがありますね。ツルッとした食感で、シトシト、ペタペタはしていませんね」
ラズ「うん、皮がアルデンテっぽいよね」
京香「アハハハハ。先生、それ、ぴったりな表現ですね。この皮は、どうやって、黒くしているんでしょう？」
担当「じつは、竹炭が練り込んであるんですよ」
ラズ「へえ、イカ墨じゃないんだね。そういえば、この店の鍋の餃子は、どうやら水餃子用ではないみたいだね。最近、餃子鍋がはやっているけど、焼き餃子用を入れている場合がほとんどじゃないかな。でも、焼き餃子用だと皮が薄いから、破けちゃうと思うんだよね」

担当君が、鍋の具を取り分けようとして、餃子を菜箸《さいばし》で持ち上げてみると…。

担当「あっ、ちょっと持ち上げただけで、すぐに皮が破けてしまいました。すみません」

ラズ「うん、やっぱり思った通りだ。餃子鍋は、まだまだ餃子の皮に、研究の余地があるんだな。どれどれ、それではここで、具のチェックを。

きくらげ、れんこん、キャベツと、野菜もたっぷり入っているね。ではまず、スープから…。うん、美味い！　ほどよい辛さと酸味が、とってもいい感じ。辛いのが好きな人は、ラー油をたらしても、いいと思うよ」

紹興酒《しょうこうしゅ》は安いものに限る！

ほどよい辛さに、当然のことながら酒も進む。

ラズ「やっぱりここは、紹興酒も押さえておきたいよね」

担当「先生、そういえば紹興酒って、そもそも砂糖を入れて飲むものなんですか？」

ラズ「それは、私も前から疑問だったんだけど、じつは紹興酒って、高級なものほど甘いんだよ。紹興酒にはグレードがいっぱいあってね。私は台湾や上海などに遊びに行くと、日本ではめったに飲めない高級な紹興酒を、つい嬉しくて買ってしまうんだけど、いつもそれで失敗してるんだ。なぜかというと安い紹興酒のほうが甘くなくて、断然料理の味が引き立つの。つまりね、安い紹興酒を高級っぽくするために、砂糖を入れはじめたのではないかな、と推測しているんだ」

担当「なるほど。砂糖を入れるのは、高級を装うための裏ワザだったというわけですね」

ラズ「そう。だからいまは中国に行くと、一番安い紹興酒を飲むことにしてるんだ。いい紹興酒は、高いわ、甘いわで、よくないから（笑）」

京香「先生は、中国では、ほかのお酒も飲まれるんですか？」

ラズ「うん。以前、上海に行ったとき、茅台酒をボトルで買って飲んでいたら、ガイドさんに『それいま中国で飲んでいるの、ワタシのおじいさんくらい。ワタシの周りで飲んでる人、誰もいないよ』といわれて、びっくりしちゃった。いまの中国では、こんな強い酒、若い人は飲まないみたいなんだ」

なぜ人は紹興酒に砂糖を入れるのか？
ラズウェルの仮説
紹興酒は高いものほど甘い
高
甘
安
そこで
安
砂糖
安い紹興酒に砂糖を入れるようになった
ちなみに甘い紹興酒がキライな私は安いのしか飲みません

担当「ところで、この調味料の豚味噌は、どうやって使うんでしょうかねえ」
ラズ「ちょっと貸してみて。おっ、コレ、スープに入れると、とってもいいよ。また、ちがった味のスープになる。サンラースープも豚味噌も、ラー油系だから相性はいい。けっこう辛いけど、紹興酒にぴったりだよね」
担当「最初、大きな餃子が12個も入っていたのでびっくりしましたが、ここまで崩れて皮もスープにとろけてしまうと、そんなに餃子を食べた～、という感じはしませんね」
ラズ「やっぱり、鍋には水餃子用の

餃子が合っているんだろうね」

担当「先生、今日の餃子鍋は、いかがでしたか？」

ラズ「ハイ。焼き餃子を使うと、皮が情けなくなっちゃうのが、ちょっと気になったかな。せっかく入れるのであれば、食べるときには、やっぱり餃子然としていてほしい！　だから、鍋にするなら、水餃子を使うのがいいのではないかと思う。それにしても、焼き餃子と水餃子の皮の厚さが、ここまでちがうということを、具体的かつはっきりと見せつけられるとは思わなかった。いままで、そこまで気にしたことなかったからね」

京香「お味のほうは？」

ラズ「サンラー味は絶品！　れんこんが入っていたのも、新鮮だった。普通、鍋にれんこんなんて、あまり聞かないでしょ。シャキシャキしていて、とっても美味しかったよ」

担当「大黒餃子は？」

ラズ「大黒餃子は珍奇なものではなく、きちんとした北方の味で、しっかり餡に味がついていて、とてもよかったね。皮もちょうどいい。どの料理も、一見創作風でありながら、ベースはしっかりしていて、味に気合が入っていたと思う」

超重量級「特大餃子」出現！

2軒目を出た我々は、恵比寿駅の反対側に出て、餃子の大人気店、「Q」へと向かった。

テレビの生活情報番組などで〝恵比寿最強〟との呼び声の高い、元祖&プレミアム餃子が名物の店である。

ラズ「じつは私は、街の何気ない中華屋さんの、何気ない餃子とラーメンが大好きなんだよね。のんびりとマンガ雑誌やスポーツ新聞を読みながら、軽くビールと餃子で一杯やって、それからラーメンを食べて帰るの。でも、そんな街の中華屋さんは、

どんどんなくなってきてるよね」
担当「はい。街のあちこちに中華屋さんがあった時代が懐かしいですね。覗くとよく、仕事帰りのお父さんたちが、餃子でビールを飲んでました」
ラズ「街の中華屋さんの餃子って、小さからず大きすぎずでさ、ひと口で食べるには大きいから、箸でまん中から割って、断面をタレにつけてパクッと口に入れ、ビールで流し込むの。ああ、想像しただけで美味そうだな…」
担当「街の中華屋さんがいま、絶滅危惧種《きぐしゅ》になっています。最近はやりの威勢のいいタテ社会ノリで、割高なラーメンを出す店もいいですけど、街の中華屋さんも生き残ってほしいです」
そんな話をしてると「Q」に到着。大勢の人が並んでいる人気店だが、担当君が事前に電話で予約していたので、すんなり入店できた。
ラズ「この店の元祖餃子とプレミアム餃子は、どこがちがうのかな」
担当「では、このふたつを食べ比べてみましょう。あと、もうひと皿、頼みましょうか」
ラズ「えびはさっき食べたから、今度は、ふかひれなんてどう?」
担当「いいですね。それから箸休めに、ピータン豆腐を頼みましょう。お酒は?」
京香「ワタシは、またビールでお願いします!」

担当「先生、じつは僕も、ビールに戻ろうかなと、思ってたんです。2軒目で、蒸留酒と紹興酒をたっぷり飲んでしまったので…」

ラズ「じゃあ、3人でビールで乾杯だ！」

まず運ばれてきたのは、ビールとピータン豆腐。

担当「ピータンの濃厚な味が、美味いですね」

ラズ「これだけでも、ビールが進むよね」

担当「それにしても今日はいろんな餃子を食べてますが、最近全国に、その土地ならではの食材を使った変わりダネ餃子が増えてきました。山

フカヒレ
餃子。
ピータン豆腐
仕上げは
やっぱり
ビール

口県のふぐ餃子、埼玉県の小松菜《こまつな》餃子、静岡県のモロヘイヤ餃子やマグロ餃子、長野県には野沢菜《のざわな》餃子もあるそうです。さらに、みかんやりんごの入ったフルーツ餃子もあるというから驚きです」

京香「デザート感覚の餃子があってもいいですね」

担当「チョコバナナ餃子や、あんこ餃子を出す店もあるとか。こっちは揚げてるみたいですが」

早速、蒸籠に入った、ふかひれ餃子が運ばれてきた。

担当「先生、熱々をどうぞ」

ラズ「タレは、基本的な醤油と酢とラー油にしよう。うん、美味い！」

担当「2軒目のものは、わりとしっかりとした味の餃子でしたので、このふかひれ餃子を食べると、あっさりとした印象ですね。これには紹興酒なんかが合いそうですね」

京香「ワタシも、醤油と酢とラー油でいただきます。コレ、ツルンと食べられますね」

ラズ「無色透明で、ワンタンに近い感じだね」

店内は女性を中心とした若者の活気であふれている。つづいて元祖＆プレミアム餃子が登場。2皿とも、2軒目の大黒餃子をしのぐデカさだ。

担当「この大きさは、餃子というよりも、もはや肉まんみたいな感じですね」

ラズ「1皿3個ずつだけど、1個食べると、けっこうお腹がふくれそうだね。女性なら、半分でちょうどいいくらいなんじゃないかな」
京香「本当に、そう思います」
担当「よく見ると、元祖とプレミアムでは、ちょっと大きさが異なりますね」
京香「お店の人に聞いてみます。すみません、コレ、皮の直径は何センチですか？」
店員「元祖が11センチ、プレミアムが14センチです」
ラズ「大きいな！　では、はじめは元祖からいってみようか」
早速、箸で中央を割って、断面を

タレにつけて、パクリ！

ラズ「皮の端まで、ぎっしり餡が入っている。これは何？　シコシコ、プリプリしている。ああ、えびだねえ、コレ。だから、肉の味がしっかり感じるんだ」

京香「えびに歯ごたえがあって、美味しいです」

担当「この豚肉は、イベリコ豚だそうですよ。とっても、贅沢《ぜいたく》な餃子ですね」

〝肉肉〟しくて〝豚豚〟しい味

ラズ「では次は、プレミアム餃子に挑むとしようか」

担当「どうですか、先生」

ラズ「うーん。口に入れた瞬間、肉が飛び込んできて、なんか、〝肉肉しい〟というか…」

担当&京香「はあ？」

ラズ「〝豚豚しさ〟が、あるというか」

担当「なんですか、それ？　プレミアムって、そんなに豚肉、豚肉しているんですか。では、僕もタレにつけて…。うん、コレはスゴい！　何ていったらいいのか、豚のうまみが目いっぱいという感じ。まさに豚豚しいという表現が、ぴったりですね」

京香「えっ、そんなに…。では、ワタシも。アーッ、本当。豚豚しい、ですね（笑）」

担当「ここに、この餃子の説明書きがありました。イベリコ豚、アグー豚、三元豚《さんげんとん》のみをブレンド。さらに、えびやホタテのエキスも入っているみたいですよ」

ラズ「3種類の豚肉が、ブレンドされているんだ。だから、肉の味が濃厚なんだな。あと、これはしょうがが、きいているよね。しょうがのきかせ方が上手なんだな」

担当「でも、元祖のほうが、豚肉の味が1種類だから、食べやすいですね。プレミアムは、3種類の個性が

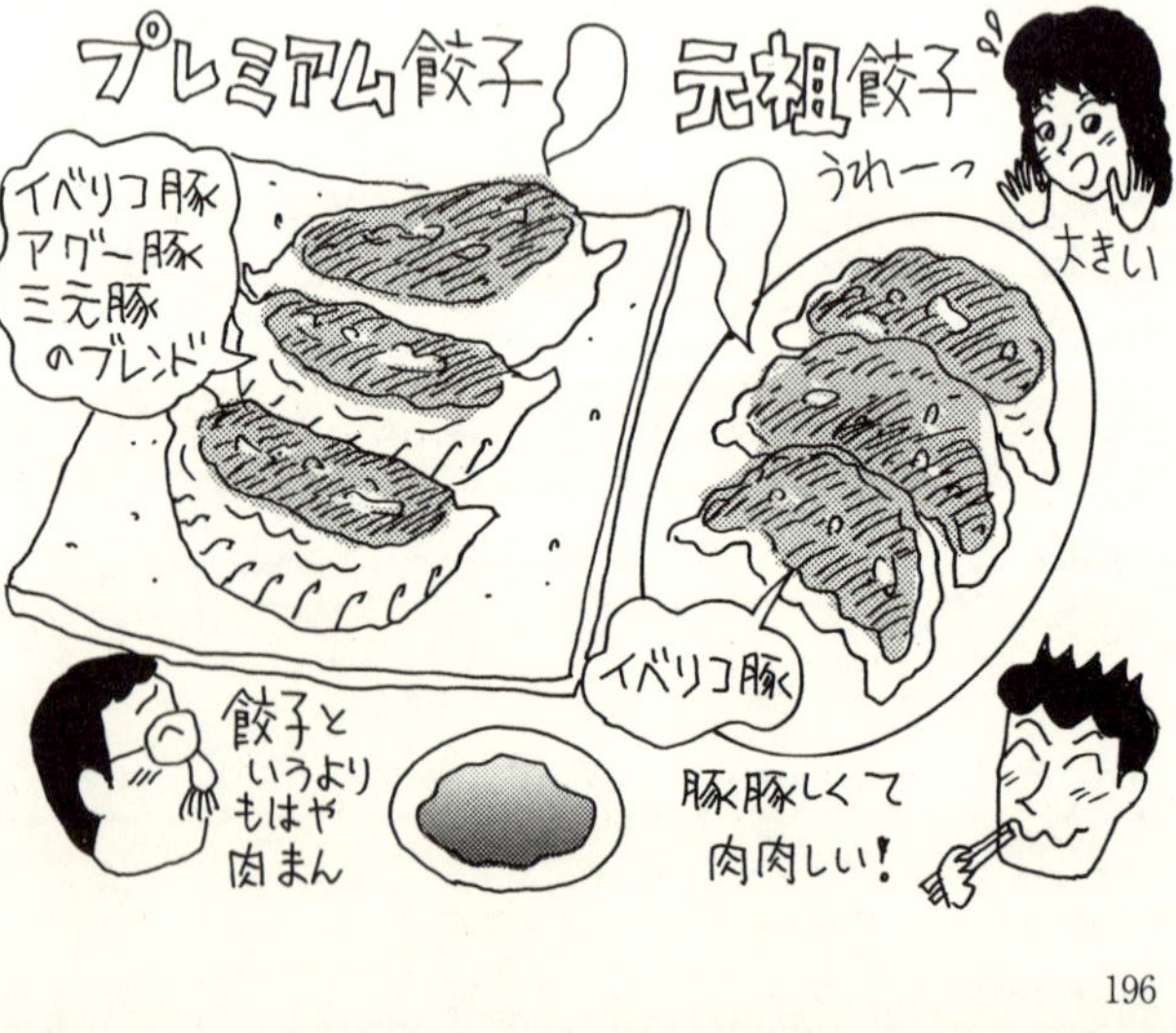

ぶつかり合っている気がします」

ラズ「もう1回、元祖を食べてみよう。うん、プレミアムを食べた後に元祖を食べると安心感がある。どうやら私は、元祖が好みだな」

京香「でも、もうちょっと野菜が入っていても、いいかな、と思いますね」

ラズ「元祖もプレミアムも、中華屋さんの餃子みたいに、ひと口パクッと食べて、ビールを飲む、というわけにはいかないけれど、やっぱり餃子とビールの相性は抜群だね」

担当&京香「はい！」

ラズ「今回は、ビールの美味しさも、改めて実感できた気がする。最初にビールを飲んで、次にハイボールや紹興酒とかにちょっと浮気して、またビールに戻る。そのときのビールには、最初に飲んだビールとは、またちがった美味さがある。餃子って最後はやっぱり、ビールに帰るんだ！」

担当「そうそう、本日食べた餃子の数は、ひとり平均20個でした」

京香「え〜！　20個も？　ワタシ、ダイエットしなくちゃ！」

ラズ「私も明日から、おやつのコンビニの唐揚げを控えるようにしよう！」

かくしてお洒落な街・恵比寿での餃子巡りは終了した。この先、どんな創作餃子が登場するか、大いに楽しみなところである。

第7章 餃子まとめ

餃子もさまざま
進化しているけど、
ホントは街の中華屋さんで
食べる餃子と
ラーメンが大好き

お会計

		(3人分)	(1人あたり)
1軒目	餃子専門店O	4340円	1446円
2軒目	中華料理P	7000円	2333円
3軒目	中華料理Q	3200円	1066円
	合　計	14540円	4846円

Mr.《ミスター》
ワンコイン⑤
ラーメン
380円
今日の昼は麺類が食いたいなあ
金魚寿司
しかし500円以下で食える麺類となると
ざるそば 600円
冷し中華 780円
スパゲティ650円
これがなかなかない
コンビニの麺類は500円を切るが屋外で麺類はあまり食いたくないし
ざるそば
立ち食いそばは
あわただしくて味気ない

だが ゆっくり 座って
しかも 500円以下で 麺が食べられる ところがある
格安 ラーメン チェーン だっ
ラーメン ね
ハイ
それは ここ
ラーメン めんの里
めんの里
冷やし中華
540円
ここは スタンダードな ラーメンが 380円
380円
ちゃんとした ラーメンを 店舗で 座って
この 価格で 食えるのは まことに ありがたい
しかーし
成人男性の 一食分として やはり ボリューム 不足は 否めない
となると 何かを プラスしたく なるのが 人情だが
餃子
半炒飯
野菜炒め
そーゆー ものを プラス すると
当然 500円は カル〜ク 超えて しまう
ラーメン 380円
野菜炒め 280円
半炒飯 220円
餃子 190円

麺を大盛りにしたり
麺大盛 +100円
タンメン 480円
玉子入り 480円
タンメンや玉子入りにグレードアップするのは500円以内でおさまるが
きたきたっ
ドン
だがオレにはもっと満足度の高い秘策がある
ラーメンお待ちどうさまー
まずはフツーにラーメンを
ズッ
ング ング
うんうまい
ズルズルズルズルズ〜ッ
フーやっぱりアッというまだ
さてその秘策とは…

『Mr. ワンコイン』⑤＝おわり＝

第8章 立ち飲み❷

第1章では、オーソドックスな立ち飲み屋を紹介したが、その後立ち飲み業界は劇的な進化を遂げて、さらに付加価値を高めた店が続々と登場しているという。再び新橋駅前広場のSL前に集合した我々を待っているのは、いったいどんな立ち飲み屋なのだろうか⁉

「立ち飲みフレンチ」の大人気店に潜入！

取材当日は、5月上旬の晴天の週末で、集合時刻は16時45分。歩くこと5～6分で、ビストロ風のお洒落な店が見えてきた。

担当「さて、皆さん。今回の1軒目ですが、この店は、これまでの立ち飲み屋の常識を覆す立ち飲み屋だと思います。人気店なので、開店と同時に満席になってしまうため、今日は早めの時間に集合し、予約を入れておきました」

ラズ「スゴいね！　立ち飲みで予約なんて、相当人気があるってことだよ。でも、担当君。ここは、普通のレストランじゃ…」

担当「いえいえ、先生、ここはフランス料理の立ち飲み屋で、Rといいます」

オープンは17時ジャスト。すでに何組もの客が、店が開くのを待っている。開店と同時に店に入ると、我々は店全体が見渡せる、中央の立ち飲み席をキープした。テーブルの裏側をのぞいてみると、カバンをかけるフックが取りつけてあり、テーブルの上には、真っ白な皿とフォーク&ナイフ、赤いナプキンがセッティングされている。まさにカジュアルなフレンチレストラン、といった雰囲気である。

担当「早速ですが、お酒は何にいたしましょう」

ラズ「せっかくのフレンチだから、まずはワイン、といきたいところだけど、今日はとっても気候がいいから、ビールも飲みたい気がするな~」

担当「では、最初はビールで乾杯し

ましょう。本日のおすすめは、海の幸のカルパッチョと、〃パテ・ド・カンパーニュ（レバーのパテ）〃です」
ラズ「あっ、岩ガキがあるよ！　殻つきで、なんと値段は1個、たったの280円！」
京香&担当「えー‼　安い！」
担当「では、海の幸のカルパッチョ、パテ、岩ガキ、それから名前がいかにもフランス料理っぽいので、真だいのポワレを頼みましょう」
一同「それでは、かんぱ〜い！」
ラズ「それにしても、こういう店が、シックでありながら若者向けの街でもある神楽坂《かぐらざか》でなくて、新橋にあることにビックリした。正直、ちょっ

と感動です」
　まず最初に出てきたのは、パテと数種類のパン。パンにつけるクリームチーズと、ブラックペッパーでつくったディップ（120円）があるというので、それも頼むことにする。
担当「パテは白レバーと仔牛の挽《ひ》き肉、それに背脂《せあぶら》を混ぜて蒸し焼きにした、この店定番の冷前菜だそうです」
　パテの厚さは2センチほどで、3～4人でも十分なボリュームだ。つづいて海の幸のカルパッチョが登場。中身はカツオ、ホタテ、タコ、スズキ、サーモン、アジの6種類。毎日築地から直送された新鮮な魚を使用しているという。それで値段が680円とは、まさに立ち飲みというレベルを越えて激安である。さらに、岩ガキも運ばれてきた。期待を裏切らない大きさに、一同、歓声をあげる。
ラズ「この岩ガキは、本当に大きいねえ。やっぱり、カキには、白ワインだよね。早くビールを飲み終えて、ワインにしよう」
担当「先生、パテは、塩とマスタードの、どちらで召し上がりますか？」
ラズ「そうだな～。マスタードでお願いします」
担当「わかりました。（パテを早速切り分けて）どうですか、お味は？」

ラズ「うん、美味い。普通のパテとちがって、具がレバーだけじゃないから、臭みがなくて食べやすい。ビールとよく合うね！」
京香「ええ。マスタードの風味もきいていて、美味しいです」
担当「カルパッチョは、さっぱりとしたラビコットソースで、あえてあるそうです」
ラズ「うん。ラビコットソースは、玉ねぎやきゅうりなんかの野菜をみじん切りにしてフレンチドレッシングと混ぜ合わせたものなんだよね」

パリの「立ち飲み」体験

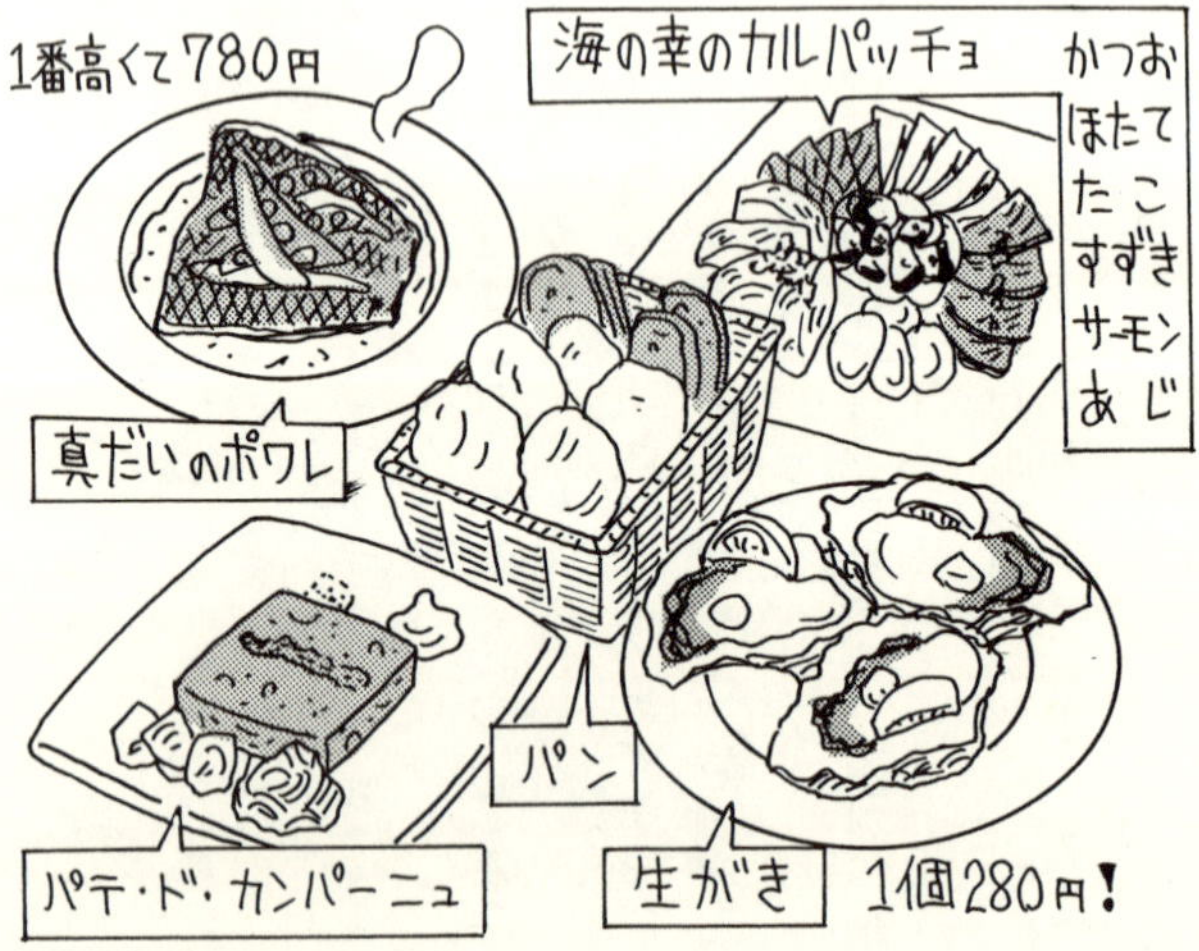

1番高くて780円
真だいのポワレ
海の幸のカルパッチョ
かつお
ほたて
たこ
すずき
サーモン
あじ
パン
パテ・ド・カンパーニュ
生がき
1個280円！

担当「そういえば、先生は最近、フランスのパリにご旅行に行かれたとか？」
ラズ「うん。3月に、4泊6日で行ってきました」
担当「どんな料理を、召し上がったんですか？」
ラズ「それがねえ、まさしくこの店のような、立ち飲みのワイン・バーみたいなところに行ったんだよね。日本では3月だと、ほとんどカキは終わっているけど、フランスにはまだあって、殻つきのカキをその場でむいてもらって食べるの。これが名物になっていて、むきたてだから、とても新鮮で美味しかった！」
京香「フランスには、そういうスタイルのお店が、あちこちにあるんですか？」
ラズ「はい。どこの店でも、目の前でむいてくれるんだよね。向こうはキャッシュ・オン・デリバリーで、まずカウンターに行ってワインとカキの代金を払って、店頭でむいているカキをもらってきて、それをテーブルに持ってきて食べるんだ」
京香「美味しそう〜。先生、そのお店では、ほかに何を召し上がったんですか？」
ラズ「生ハムを食べました。なぜか日本で食べるよりも、美味しく感じた。たとえばバドワイザーをアメリカで飲むと美味しいように、やっぱりつくった土地で食べたり飲んだりすると、格別なんですよ。1品頼むと、必ずフランスパンのスライスがついてきて、改めてパンもいいつまみになるなあ、と思ったよ」

担当&京香「へえ〜」

ラズ「じつは私、いままでずっとフレンチ・コンプレックスがあったんだ。イタリアンだと、どうってことないんだけど、フレンチって、どうしても身構えちゃうじゃない。でも、フランスに行ったおかげで、解消することができました。もしフランスに行っていなかったら、今日、ビクビクして、何も食べられないどころか、帰っていたかも…」

京香「アハハハハ」

担当「さて、そろそろビールもなくなってきましたので、ワインを頼みましょうか。この店の人気第2位のワインに、フランスのコロンバール〝アラミス〟ってあるけど…」

店員「ハイ。コロンバールは、ブドウの種類のことで、スパークリングワインによく使われます。ドライな口当たりで、青りんごのようにすっきりとしています」

担当「じゃあ、それをボトルでください。値段は、2800円です」

ラズ「早速、試してみよう。あ〜、酸味が強い！」

担当「苦味はないですね。これで晴れて岩ガキがいただけますね」

ラズ「うん。では、レモンをしぼってと。（パクリと食べて）いいねえ、白ワインと合うね〜。この岩ガキは、夏のものよりも若干さっぱりしている感じだけど、美味しいです。これから身がたぷたぷになって、ミルキーさを増していくんだろうね」

担当「こうして食べてみると、カキってホント、日本酒より、ワインのほうが合いますね」

ラズ「魚介類でワインに合わないのは、塩辛などの珍味系くらいかな。そういえば、もともとヨーロッパ種のカキというのがあって、古代ローマ時代から養殖されてきたらしいよ。でも、いまヨーロッパ種のカキは減少しているらしくて、日本の真ガキを持っていって養殖したものが、ヨーロッパでは主流になっているそうなんだ」

ここで、真だいのポワレが運ばれてきた。

担当「わ～、この料理は、高級フレンチみたいですねえ。ボリュームもあって、こんなの絶対、普通の居酒屋では出てきませんよ。ここまで本格的だと、逆に座って落ち着いて食べたい、という気もしてきます」

ラズ「たしかに。この店には、こんなスゴい料理を立って食べている、という不思議さがあるよね。そういえば、フランスのワイン・バーも、イス席もあれば立ち飲みのテーブルもあって、気軽に入りやすいカジュアルな雰囲気だった。この店は、そんなフランスのワイン・バーとよく似ている。そういえば、笑っちゃったのが、フランスのワイン・バーでは、ビールケースを台にして、その上に板を載せてテーブルにしていたことなんだ」

担当「それって、日本の立ち飲み屋が、日本酒や瓶ビールのケースを台にしているのと、まるで同じじゃないですか（笑）」

新橋にパリの「ワイン・バー」を見た！

担当「じつは、この店は、新橋でも老舗《しにせ》の魚料理専門店の系列店なんだそうです。だから高級な食材も、安く食べることができる。ある意味、立ち飲み業界の常識を変えたといってもいいほど、ほどよい高級感がありますよね」

ラズ「立ち飲み屋のメリットは、狭いスペースでできて、お客さんの数を入れられて、メニューを絞れて、原価を抑えられて、回転率がいいところ。この店は、パリで見かけたワイン・バーをよく再現していると思う。これだけ人気なのは、にわかづくり的に適当にプロデュースしてないからだろうね。テーマパークみたいな印象がなくて、フランス現地の事情をわかっている人が、つくっている感じがする」

担当「この店は、本当に若い女性客が多いですね。立ち飲み屋の客層が変わってきていることを、まざまざと見せつけられた感じです」

ラズ「しかもここはフランスの立ち飲み屋と、同じ雰囲気が味わえるのが素晴らしい！　それから、女性が入りやすい立ち飲み屋があると、おじさんたちが大好きな、昔ながらの渋い立ち飲み屋が荒らされなくていいよね。棲み分けができていいと思う」

物産店で立ち飲み利き酒!?

さて、激安フレンチの立ち飲みを

堪能した我々は、新橋駅の反対側の、汐留《しおどめ》口方面へと向かった。ここで我々は、とある閑静なオフィスビルの中へと入った。

担当「さて、2軒目は、このオフィスビルのテナントフロアに出店している、『S』というお店です。ここは、もともと長野県の物産館的な店だったようなんですけど、いつのころからか県の地酒を飲ませるという、利き酒形式の立ち飲み屋さんに変わったんですね」

ラズ「へえ、面白いね」

店の中に入ると、内装はシンプルながらも、高い天井から落ちてくるほんのりとした明かりが、蔵を連想させる。店内は満席で、ひとりで渋く飲んでいる年配のビジネスマンや2～3人のグループ客に混じって、いかにも常連という雰囲気を漂わせた、OL風のひとり客もいる。入口付近のカウンターに、早速、場所をキープする。

担当「お酒は日本酒、ビール…と、いろいろありますが、ここでは、単品でコップ1杯の日本酒を飲めるばかりではなく、利き酒セットが楽しめるのが売りです。500円、700円、1000円の料金で、3種類の日本酒を一度に楽しむことができるんです。自分で酒を指定することもできれば、おまかせで、お店に酒を選んでもらうこともできますよ」

ラズ「それはいいね。じゃあ私は、おまかせで利き酒セットを頼もうかな」
京香「ワタシは、またビールがたくさんあって、とっても感激です。ここは地ビールにします。高原のペールエールビールをお願いします」
担当「はい、わかりました。では、早速、買ってきます！」
　この店は、注文をするたびに、現金と引き換えに、お目当ての品をレジ・カウンターで受け取るシステム。日本酒は、500円、700円、1000円の利き酒セットを、おまかせで、1種類ずつ頼むことにした。
ラズ「それにしても、すごい酒の種

類だな〜」

京香「店の奥が、酒の貯蔵室になっているみたいですね。ちょっと見てきます。先生、奥には、ものすごい数のお酒が並んでいます！　カウンターで注文を受けて、そのつど裏から1本ずつ酒瓶を取ってきて、お客さんについで渡しているんですね」

ラズ「うん。地味ながらも、これは大変なこだわりだよ」

京香「この利き酒セット、500円は単品で1杯300円の日本酒のなかから3種類、700円は500円、1000円は700円のなかから選べるようになっているんですね。ビールも一般の小売店で売られている値段と一緒でした。とってもお得ですよね」

しばらくして、担当君がお酒を手にして戻ってきた。

担当「まずは、500円の利き酒セットです」

利き酒セットには、グラスのひとつずつに、手書きで日本酒の名前が書かれた紙が添えられている。500円のセットには、「美寿々純吟」「幻舞純吟」「九郎右衛門特純」、700円のセットには、「本金純吟」「夜明け前雫採り」「たま子特純」、1000円のセットには「菊秀斗瓶囲」「極稀を贈る」「酒古里12年」の3品が注がれている。

京香「こうして並べてみると、日本酒の色って、こんなにもちがうものなんですね」

担当「それでは、先生、どれからいきますか」

ラズ「じゃあ、700円の〝本金純吟〟から、いこうかな」

長寿県の地酒と小鉢を堪能《たんのう》

担当「では、かんぱーい！」

しっとりとのどを潤したところで、つまみに頼んだ、ふきみそ、青唐辛子みそ、葉わさび、しょう油豆の小鉢を賞味してみる。

ラズ「このしょう油豆、味噌豆に近い味で、ほどよいしょっぱさ。あとをひく味だよ」

京香「これで、どれも100円とは、本当にお得ですね」

ラズ「葉わさびも、ピリッとして美味いね〜」

担当「どうですか。1軒目のお洒落な感じからは打って変わって、いきなり店の雰囲気がシブくなりました。先生、日本酒のお味は、どうですか？」

ラズ「酒古里12年は〝しゃぶり〟って読むんだね。これは純米の古酒で、きれいな琥《こ》珀《はく》色をしている。味もフルーティーで美味しいよ」

担当「本当だ。京香さんも、ひと口どうぞ」

京香「わ〜、（あまり飲めないけれども思い切ってひと口飲み、驚いた調子で）これ、日本酒じゃないみたいです。たしかにフルーティーですね。そんなに甘くなくて、ちょっと酸味がありますね。ワインみたいです」
担当「今回の取材は、1軒目でワイン、2軒目で日本酒と、すでにこの時点で本シリーズ始まって以来の、アルコール摂取量です。ちょっと、いい気分になってきました」
ラズ「じゃあ、これを食べてごらん」
担当「はい。うわっ、辛ーい！　これ、青唐辛子みそですね。なんだか一気に頭が熱くなって、酔いが醒《さ》め

ますね！」

ラズ「これは田舎の食べ物の特徴だけど、たとえば私の実家の山形の漬け物とかって、どれもみな塩分がきいてて、酒が進んじゃうんだよね。そういえば、最近、長野県は沖縄県と争うくらいの長寿県になったそうだけど、長野では、県をあげて塩分を減らそう！　という運動をしているらしいよ」

担当「てことは、今日頼んだ小鉢も、昔は、もっとしょっぱい味だったとか…」

ラズ「かもしれないよ（笑）」

利き酒アンテナショップのひな形を見た!?

担当「ちなみに先生は、本日頼んだ日本酒9杯のなかで、どの酒がお好きですか？」

ラズ「うーん、じつはねえ、利き酒の特徴として、最初に飲んだのが、いちばん口に合う、ということがあるんだよね（笑）」

京香「ええっ、そうなんですか？」

ラズ「うん。いちばん最初に飲んだ酒が、その後の酒の味のベースになってしまうというか、ひと通り飲んでみたあとに、なぜかいちばん最初に飲んだ酒に戻ってきてしまうという習性があるの。不思議なもので、最初に飲んだ酒から別の酒に移ると、よその家に行ったような感じになって、早く自分の家に帰りたくなっちゃうんだよ。だから、今日飲んだなかでは〝本金純吟〟がいいね。読者の皆さんも、利き酒をするときは、やっぱり最初のインスピレーションを大切にしてほしい、と思います！」

担当「わかりました。素晴らしいアドバイスを、ありがとうございます」

ラズ「余談だけど、いま東京のあちこちに、各県のアンテナショップがあるけれど、ただモノを買うだけじゃなくて、イートインコーナーがあると嬉しいよね」

京香「ハイ。そうですね」

ラズ「私としては、その飲食スペースでお酒が飲めたら、とっても嬉しい。まあ、物産館内で、酔っ払ったおじさんが暴れたりすると困るけど、ここのお客さんがとっても上品に飲んでいるのを見ると、地酒を飲ませるアンテナショップが、もっとできると面白いと思うな」

担当「ええ、たしかに」

ラズ「県や町が地元の酒をアピールするのに、この店の手法は見事だと思う。酔いつぶれるお客さんを、座り飲みにしないことで、絶妙に防ぐことができるようになっている。酒どころといわれる県には、都会の人間が知らない美味しい酒がいっぱいあるんだから、ここみたいなスタイルの店を出せば、絶対に地元の酒の認知度を高めることができるんだけどなあ」

立ち食いそばが、立ち飲み屋に変身!!

夕方の5時から、立ちっぱなし、歩きっぱなしで立ち飲み屋をはしごしてきた我々一行は、3軒目をめざして新橋から銀座を横切り、京橋《きょうばし》へと向かった。時間は21時15分前。目的地は、「T」という店だ。

担当「皆さん、3軒目はなんと、昼間は普通の立ち食いそば屋で、夜に

なると、つまみやそばを食べながら酒を飲めるという、『立ち飲み&立ち食いそば屋』さんです。でも、立ち食いそばだといって、侮らないでください。十割そばから田舎そば、さらには韃靼《だったん》そばまで、本格的な日本そばが味わえるんですよ」

京香「スゴーい！」

ラズ「担当君。ここ、そんなに美味しいんだ。じゃあ、昼間からお酒出しちゃうと、呑兵衛のたまり場になってしまうね（笑）」

京香「そうなんですよ。店内は、もうすでに超満席です。アッ、だけど店の外に、日本酒のケースでつくられた、テーブルがありますね。早速、この場所をキープしましょう！」

担当「それでは、お酒は何にしましょう。僕のおすすめは、やはり焼酎のそば湯割りです」

ラズ「うん。ここはやっぱり、そば湯割りのジョッキがいいかな」

京香「ワタシは今日は、最後までビールで通します。ちなみに、この店は、昔からこの場所にあるんですか？」

担当「10年以上前からあるはずです。ちょっと、おつまみを探してきますね」

お品書きをチェックすると、さすがにここはそば屋さんである。かき揚げなどのでんぷらから、揚げ玉、かまぼこと、そのままそばに入れても美味しそうなつまみが、ズラリと並んでいる。とはいえ、ちょっと満腹気味の我々は、ポテトチップスを1袋頼むことに。

一同「では、かんぱーい！」

担当「どうですか。そば湯割りのお味のほうは？」

ラズ「うん、さっぱりしていて、いいね。それに、ここのつまみは面白いよ。そば屋ならではのつまみだけじゃなくて、ポテトチップスや缶詰なんかも置いてあるんだね」

担当「先生、わかっていただけますか。この店は、そば屋としての酒も

楽しめながら、サバやイワシの缶詰などをつまみにして、チビチビやることもできるんですよ」

ラズ「本来、おそば屋さんっていうのは、つまみにかき揚げなんかを食べながら1杯飲んで、締めにそばを頼むというのが王道だよね。その考え方でいくと、かき揚げやコロッケ、ちくわの天ぷらなどの、立ち食いそば屋のトッピングのほうが、つまみとしては充実してるはずだよ。これを、つまみにしない手はないよね」

担当「はい。僕は、この店を見つけてからというもの、ある意味で究極の立ち飲み屋は、立ち食いそば屋が酒を出すことじゃないだろうか、と思うようになってしまいました。でも、どうしてこれまでやろうという人が、いなかったのか…」

ラズ「立ち食いそば屋は、あまりにもファストフードの面が強いよね。ほかのファストフード店と比べると、もしかしたらお客さんの滞在時間は、最短なんじゃないかな」

京香「たしかに」

ラズ「そういうスタイルだったから、酒を飲ませるという発想が、なかったのかもしれない。それに、昼間から飲んで酔っ払っている人の横で、シラフの人がそばを立ち食いで食べるのは、ちょっと抵抗があるのかもしれない」

京香「立ち食いそばは、回転が命ですものね」

ラズ「うん。ファストフード店は回転率が問題であって、なかなか酒を出すのが難しかったところがある。でも、この店のように昼は食べるほうに徹して、夜は酒を出す、というスタイルは十分にありなんだと思う」

ファストフードで酒を飲む時代？

ラズ「そういえば、最近、下北沢《しもきたざわ》の某フライドチキンのチェーン店が、酒を出しはじめたという話を聞いたよ。建物の3階がバーになっていて、1階の店からフライドチキンをとって、つまみとして出してるみたいなんだ」

担当&京香「へえー！」

ラズ「もしかしたら、そのうちハンバーガーチェーンのMあたりも、酒を出す時代がくるのかもしれないよね。私なんかは、ハンバーガーで酒は飲みたくはないけど、子どものころにファストフードで育った世代は、あれで十分に飲めちゃうのかもしれない」

担当「じつは、向かいの店も立ち飲み屋で、昼間はカレーなんかを、出してるみたいです」

ラズ「そうなんだ。昼は食事を出して、夜になると立ち飲みに変わる、という流れもあるんだね。それにもまして、何人かで来て立って飲むという楽しさを、みんなが理解してきているんじゃないかな。立ち飲み屋も、懐《ふところ》具合の寂しいお父さんがひとりで飲むものから、グループでワイワイ楽しむ方向に、シフトしてきているんだね」

担当「はい。もはや立ち飲み屋は、悪所的なイメージが完全に払《ふっ》しょくされて、『立ち飲みって、意外とお洒落じゃん』みたいな感じに、変わってきているみたいです」

ラズ「うん。最近の若い人たちは、

安い うまい 楽しいで若い人にウケてる
のではないか…
立 飲 新 時 代
立呑

立っているほうが、楽しいんじゃないかな。だって立ち飲み屋って、2~3品頼んで、1~2杯飲んで帰るという、〝かりそめ感〟がいいじゃない。以前だと、そのかりそめ感をひとりで味わっていたけれど、いまはグループで味わっているような気がする。1回目と今回を比べてみると、立ち飲みって、ずいぶん様変わりしたのがわかるよね。しかも、人々が立ち飲みの楽しさに目覚めたおかげで、もっともっと発展していくような気がする」

担当「すごい時代になりましたね（笑）」

ラズ「でも、永久に増えつづけることはないと思うよ。これからは、よほど店に特徴がないと、生き残るのは難しいのかもね。でないと淘汰《とうた》されてしまうのは、目に見えているよね」

京香「先生、ワタシは立ち飲みを選ぶ基準として、やっぱり値段がいちばん大事だと思うのですが、立ち飲み屋の場合だと、ひとりあたりの客単価は、どのくらいが妥当ですか？」

ラズ「うーん、やっぱり、ひとり2000円以下かなあ。そうじゃないと、価値がないと思う。つまみだって、2品くらいで十分だしね」

担当「たしかに。中途半端に料理の値段の高い立ち飲み屋は、僕なんか、座って飲める店につくり直せ！　と思うときがあります」

ラズ「でしょ（笑）」

立ち飲みそばは銀座の最先端食文化？

担当「さて、京香さん。女性の目から見て、今回の立ち飲み屋はどうでしたか？」

京香「はい。１軒目は、女性ひとりでも入れるとは思いますが、せっかくあれだけの料理があるのだから、ひとりで行くのは、ちょっともったいない気がします。２軒目は、一見《いちげん》の女性がひとりで入るのには、勇気がいりますね。一度入って慣れてしまえば、なんともないのかもしれませんけど…。３軒目のここは、まだまだワタシには、敷居が高いです。２軒目と３軒目を比べると、２軒目のほうが、薄暗くて顔も隠れるので、こっそり飲んでいるぶんには、いい感じがします」

担当「１軒目のような、お洒落で清潔感のある店が、女性に受けるというのはよくわかるんですが、酒とつまみで軽く１杯やる立ち飲み屋だと、照明が暗めのほうが女性が入りやすいというのは、面白い意見ですね」

ラズ「うん」

隣のテーブルでは、飲んですっかりいい気分になったサラリーマンのふたり組が、美味しそうにそばをすすっている。

担当「では、そろそろ、おそばを頼みましょうか」

ラズ「そうだね。私はさっきから、この熱々ネギ汁が気になっているんだけれど。自家製のネギ油に、万能ネギがたっぷり入っているって、いかにも美味しそうじゃない?」

担当「はい。では熱々ネギ汁をひとつと、十割そばの大盛りを頼みましょう!」

ラズ「よろしくお願いします」

担当「皆さん、おそばを持ってきま

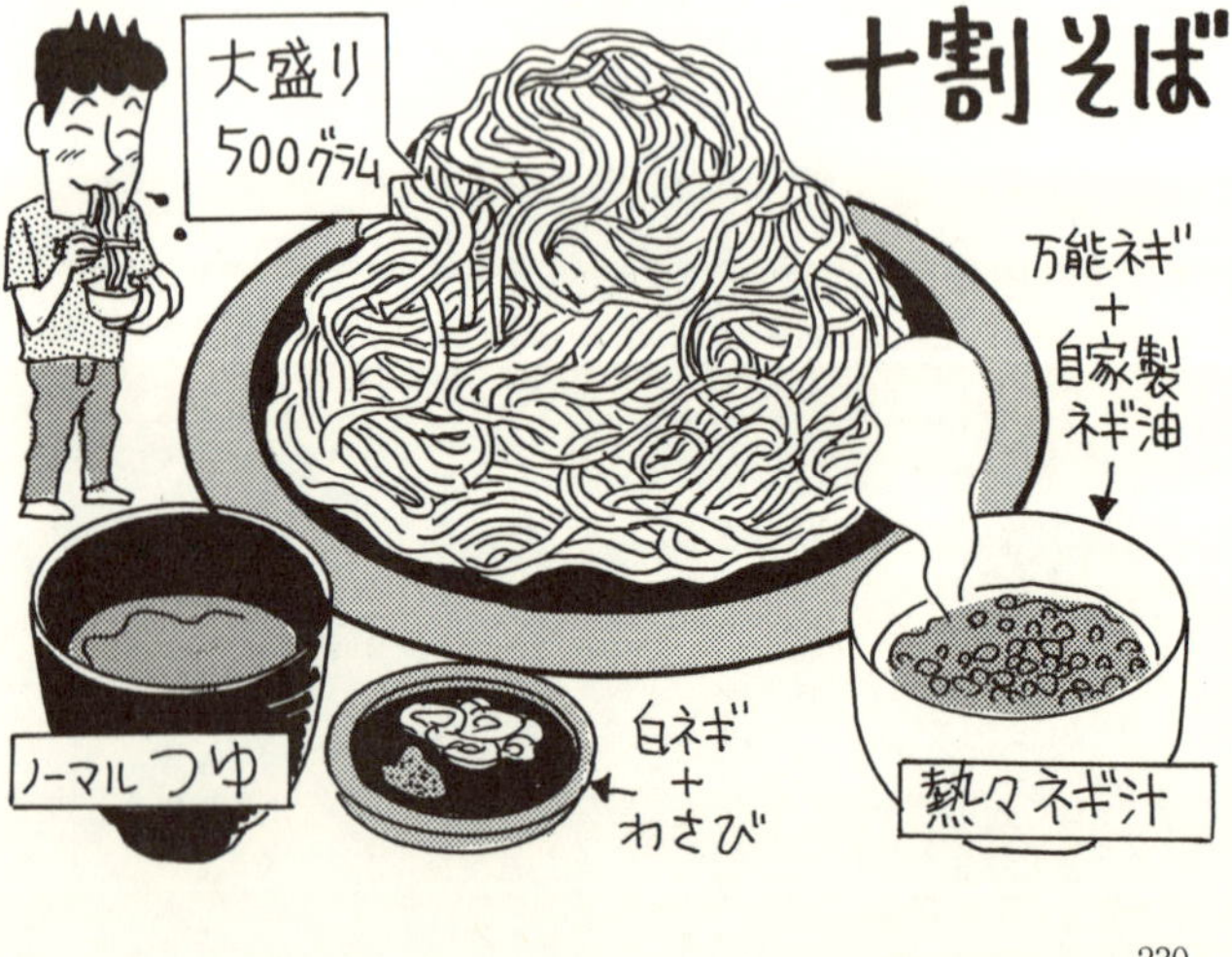

した。先生、どうぞ。熱々ネギ汁です」

ラズ「美味い！　万能ねぎがたっぷり入っていて、熱々の汁と冷たいそばがよく合う」

京香「このおそば、大盛りですけれど、普通のおそば屋さんよりも、かなり量がある気がします」

担当「はい。普通盛りで300グラム、大盛りで500グラムもあるんです。しかも、このボリュームで650円は安い！」

ラズ「そばで締めるのって、ラーメンよりいいね。日本人は、やっぱりこれだね！それから私は、この立ち飲みそば屋、初めて見つけた店が、銀座のすぐそばにあったということに、意味があると思う」

京香「はい、そうですね。立ち食いそばでも、銀座の食文化は最先端をいっている、という気がしますものね（笑）」

多様化をつづける立ち飲み文化を目のあたりにした我々は、さらに進化した新しい立ち飲み屋が現れることを大いに期待するのであった。

第8章 立ち飲み② まとめ

すっかり定着して、
さらに発展しそうな
立ち飲み。
新時代に突入したね

お会計

		（3人分）	（1人あたり）
1軒目	ビストロR	8500円	2833円
2軒目	立ち飲みS	3000円	1000円
3軒目	立ち食いそばT	2200円	733円
	合　計	13700円	4566円

私の理想のはしご呑み③
ホッピー or チューハイ or ハイボール
焼きとん
餃子
メンチカツ
三軒目

あとがき

本書をお読みくださいまして、まことにありがとうございます。はしご酒の楽しさを皆様と分かち合うことができたような気がして、なにやらシアワセな気分であります。

この頃、立ち飲み屋もいっそう増えてまいりまして、1軒目は立ち飲みという方も多いのではないでしょうか。以前は、立ち飲みといえば、ダメな呑兵衛オヤジのものというイメージでしたが、そんなネガティブな感じは一掃されましたね。

酒の種類や料理による細分化が進み、よりどりみどり、時と場合に応じた立ち飲み屋のチョイスができるようになったのもうれしいところです。

さて、おでんを皆様はどのように召し上がっておられますか？　まあ、本書を手になさるような方は、ほとんどがお酒の友としてでしょう。でも、ご飯のおかずになさる方もいらっしゃるのでは？

よく議論されるのが「おでんはご飯のおかずになるかならないか?」という問題であります。これは国民の意見がまっぷたつに分かれるぐらい、大きな論争なのですが、皆様はどちらですか? え、私? 私はですねえ…ナイショ。

その他、「コンビニの店頭がおでん臭い問題」「冷やしおでん認めるか認めないか問題」「おでんダイエットは有効か問題」など、常に問題を提起し続けるおでんなのであります。

この原稿を書いている時点で、築地市場の豊洲移転問題は、宙に浮いて先がよめない状態です。はたして、五年後、十年後、東京の市場はどこにあるのでしょうか。いずれにしても、どこかに市場はなくてはならないわけですが…。

まあ、場所がどこであれ、いわゆる「場内」と呼ばれる市場についていくつか注意点をあげておきたいと思います。
まず、場内は食のプロたちが仕入れにやってくるところであります。ですから、くれぐれもおジャマにならないように気をつけねばなりません。
そのプロたちが食事をするところが場内の飲食店です。プロはいいものを安く食べようなどとは思わず、美味しい素材やそれを生かす技術に対してはそれなりの対価を払うのが当然と考えています。ですから、場内の飲食店は、けして安くはありません。その代わり美味しいです。そこのところを、認識くださいますようお願い申し上げます。

それでは、どうか今宵もいいはしご酒を！

ラズウェル細木

中華
鍋飲み
チェーン居酒屋
串焼き
ファミレス飲み
コリアン
浅草
もう１冊、
おかわり！
突撃！
はしご呑み
中華・ファミレス・鍋編
Roswell Hosoki
ラズウェル細木
突撃！はしご呑み
中華・ファミレス・鍋編
ラズウェル細木
定価（本体680円＋税）
実業之日本社
発売中！

著　者
ラズウェル細木（ほそき）

1956年、山形県米沢市生まれ。1983年デビュー。酒と肴と旅とジャズをこよなく愛する呑兵衛漫画家。主な作品に『酒のほそ道』、『美味い話にゃ肴あり』、『う』など。2010年、山形県米沢市観光大使に就任。2012年、第16回手塚治虫文化賞短編賞受賞。

カバーフォーマットデザイン／志村 謙（Banana Grove Studio）
本文デザイン／grower DESIGN
DTP／株式会社二葉企画
取材協力／原田浩司
編集／山田隆幸
進行／磯部祥行（実業之日本社）

突撃《とつげき》！はしご呑《の》み　築地《つきじ》・立《た》ち飲《の》み・おでん編《へん》

2016年12月15日　初版第1刷発行

著　者 ………………… ラズウェル細木
発行者 ………………… 岩野裕一
発行所 ………………… 株式会社実業之日本社
〒153-0044 東京都目黒区大橋1-5-1 クロスエアタワー8階
電話【編集部】03-6809-0452
【販売部】03-6809-0495
http://www.j-n.co.jp/
印刷所………………… 大日本印刷株式会社
製本所………………… 大日本印刷株式会社

ISBN978-4-408-45677-5（第一趣味）